U0128632

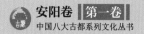

安阳卷 第一卷

中国八大古都系列文化丛书

安阳古都风采

刘朴兵 安民 编著

中国文史出版社

CHINA CULTURAL AND HISTORICAL PRESS

图书在版编目（CIP）数据

安阳古都风采 / 刘朴兵，安民编著. —北京：中国文史
出版社，2022.9

（中国八大古都系列文化丛书 . 安阳卷）

ISBN 978-7-5205-3621-9

Ⅰ.①安… Ⅱ.①刘… ②安… Ⅲ.①文化史—介绍—安阳
Ⅳ.①K296.13

中国版本图书馆 CIP 数据核字（2022）第 159499 号

责任编辑：金　硕　刘华夏

出版发行：中国文史出版社

社　　址：北京市海淀区西八里庄路 69 号　　邮编：100142

电　　话：010 - 81136606　81136602　81136603（发行部）

传　　真：010 - 81136655

印　　装：廊坊市海涛印刷有限公司

经　　销：全国新华书店

开　　本：787mm × 1092mm　1/16

印　　张：15

字　　数：178 千字

版　　次：2023 年 1 月北京第 1 版

印　　次：2023 年 1 月第 1 次印刷

定　　价：68.00 元

总　序

刘朴兵

　　安阳是中国有名的古都，安阳古都的特点是殷邺一体，安阳大古都包括殷都和邺都两部分。

　　盘庚迁殷后，商朝在安阳历八代十二王，殷作为商朝的都城共254年。商代灭亡后，殷地渐废为墟，后人称之为"殷墟"。2006年7月，殷墟成为世界文化遗产。殷墟出土的甲骨文是中国最早的成熟文字。2017年11月，甲骨文成功入选《世界记忆名录》。甲骨文使商代的历史成为信史，中国的考古学也肇始于对殷墟的科学发掘。在殷墟还出土有大量精美的青铜器和玉器，其中后母戊大方鼎重达832.84公斤，是目前国内出土的最重的青铜器。殷墟一地，足可奠定安阳大古都的地位！安阳作为殷都，在国内外是没有任何争议的。安阳学者在殷墟考古、甲骨文和殷商文化研究等方面做得也比较好，得到了中国社会科学院考古研究所、中国殷商文化学会的大力支持，形成了一个良性互动的外部环境。

　　邺初筑城于春秋时期的齐桓公，战国初年魏文侯曾命西门豹治邺。汉代末年，曹操被封为魏王，邺城成了曹魏王国的都城，共 16 年。十六国、北朝时期，邺城先后成为后赵、冉魏、前燕、东魏、北齐的都城。邺作为独立政权的都城，共 78 年。在中国都城建设史上，邺城是一座承前启后的里程碑，它的布局对隋唐以后中国都城的建设产生了巨大影响。北周末年，千年邺城成为废墟，民众南迁至相州。隋唐以后，相州也被人们称为"邺城"。由于相州是邺城的直接继承者，故安阳古都便有了邺都的加持。

安阳作为邺都在国内是有些不同声音的。少数人不承认安阳的邺都地位，主要原因是邺都故址在今河北临漳而不在河南安阳。这一局面是现代行政区划造成的。古都属于历史问题，应该基于历史事实来考察，而非根据现代行政归属来判定。邹逸麟在《中国七大古都》中明确指出："隋唐以后，安阳崛起，经宋、元、明、清为相州、彭德路、彰德府治所，今邺都废址所在临漳县，历来为其属县。至 20 世纪 50 年代初废平原省，安阳、临漳才划属两省。就历史情况而言，安阳（殷）与邺虽相距 20 公里，然两者皆处于漳洹冲积扇，曾有过密不可分的隶属关系，如同关中平原的丰、镐、咸阳、长安一样，是一脉相承发展下来的。安阳的历史，就应该包括殷都和邺都的历史。"①

就殷都、邺都的研究而言，二者是极不平衡的。殷都研究人数众多，总体水平较高，成果丰硕；邺都研究人员稀少，水平参差不齐，成果寥寥。但安阳、临漳两地的学者并未放弃对邺都和邺文化的研究。2010 年 12 月，《安阳日报》开设"邺文化研究"专版，至 2012 年 4 月共刊出 28 期，发表文章 70 多篇。安阳日报报业集团、安阳市地方史志办公室将发表在《安阳日报》"邺文化研究"

---

① 陈桥驿主编：《中国七大古都》，中国青年出版社 1991 年版，第 120 页。

专版上的文章结集为《邺文化探踪》（中州古籍出版社 2015 年版）。临漳县委宣传部编撰有《邺都探秘》《佛都邺城》《佛都之光》（中州古籍出版社 2012 年版），临漳县文物保管所原所长张子欣出版有《邺城考古札记》（中国文史出版社 2013 年版）。由于内容偏重于宣传，加之发行范围较小，这些书籍在学术界的影响不大。近几年，安阳古都学会已认识到加强邺都和邺文化研究的重要性和紧迫性，几次年会的主题都与此相关。相信经过广大学者的不懈努力，邺都和邺文化研究较为薄弱的局面一定会得到逐步改善。

目前，专门研究和介绍安阳古都的著作已经不少。从考古学角度介绍安阳（尤其是殷墟）的重要著作有：李济《安阳》（University of Washington Press，1977），郭旭东《青铜王都——殷墟考古大发现》（浙江文艺出版社 2003 年版）、《走近殷墟——殷墟考古发掘与研究》（中国文史出版社 2003 年版），孔德铭《考古安阳》（科学出版社 2019 年版）。这些著作均在学术界产生了较大影响。

从历史、文化角度对古都安阳进行介绍，始于陈桥驿主编的《中国七大古都》（中国青年出版社 1991 年版）。郑州成为中国第八大古都后，朱士光主编了《中国八大古都》（人民出版社 2007 年版）。陈、朱两书在全国产生了较大的影响，从整体上提高了中国古都群的知名度和美誉度。安阳本地学者介绍古都安阳的著作有：许作民《爱我古都安阳》（中州古籍出版社 1999 年版），刘志伟《古都遗韵　百年安阳》（中州古籍出版社 2006 年版），陈文道主编、焦从贤编著《安阳·从古都走向世界》（中国文艺出版社 2010 年版），周艳丽《安阳印象》（百花文艺出版社 2012 年版），郭胜强、陈文道《古都安阳》（杭州出版社 2013 年版）。

中国文史出版社策划的这套"中国八大古都系列文化丛书"是目前为止体量最大的介绍中国八大古都的系列著作。其中，"安阳卷"

由《安阳古都风采》《安阳名城韵味》《安阳影像图志》三册组成。

《安阳古都风采》侧重于殷邺古都文化，介绍了漳洹流域文明的曙光、世界文化遗产：殷墟、周秦两汉时期的殷邺、魏晋北朝时期的邺都、隋唐宋元时期的相州、明清民国时期的彰德、风姿绰约的古都安阳。

《安阳名城韵味》侧重于安阳古城文化，全面介绍了安阳老城的古城风韵和乡愁记忆，由古城溯源、城渠相依、衙署塔寺、胡同巷陌、建筑民居、街衢繁盛、方言撷趣、乡愁滋味等部分组成。

《安阳影像图志》侧重于安阳城市影像，上编"城脉篇"自公元前 1300 年盘庚迁殷至 1949 年安阳解放，下编"城迹篇"自 1949 年中华人民共和国成立至 2021 年中国共产党百年华诞。上、下两编共萃取百篇影像图志，是认知古都安阳的导览图册。

"安阳卷"的编著者安民，从小生活于安阳老城。参加工作后，在安阳市城建局任职，并担任城建档案馆馆长多年。他熟谙安阳老城的历史渊源、街巷胡同、建筑民居、名人逸事、风土人情、方言俚语等，谈起安阳的古城文化如数家珍。安民倾心于安阳古城文化的保护、传承，他勤于动笔，出版有《城脉安阳》《城现安阳》等书，可谓是安阳古城文化研究的本土专家。

安阳古都学会的多数本土专家没有经过严格的学术训练。在安阳古都学会 2020 年年会暨殷邺文化学术研讨会上，我提醒广大会员一定要注意学术规范，毫不客气地说道："学术不规范，在专家学者看来，就是'还没有入流''还没有上道'。你写的文章，不值得别人一看，没有参考价值，也没有信服力。你的观点，哪怕明显是错的，也不值得别人一驳。"有些本土专家听后，可能觉得这是否定他们的成果，感到非常不舒服。安民作为学会的副秘书长，对我的讲话深表赞同。著书写文时，他经常向吕何生等前辈学者请教，虚心向比自己小得多的"学院派"学者学习，力图在学术上弥补自己的"先天不足"。

近几年来，安民在安阳古城文化研究上，很注意学术规范。学术规范，使他"入了流""上了道"，可谓如虎添翼，他熟知安阳古都历史和安阳古城文化，文笔流畅，能写人们喜闻乐道的通俗性的古城文化文章，又能注意文章的学术性和规范性。从这个意义上讲，安民是编写"安阳卷"真正合适的人选。

为了进一步保证"安阳卷"的编写质量，安民诚邀我参与《安阳古都风采》的编写。孔子言："当仁不让于师。"（《论语·卫灵公》）我之所长在学术规范，安民年长我九岁，是我的兄长，从这个意义上说，我是"当仁不让于安兄"了。因此，我痛快地答应了安民的邀请。作为安阳古都学会的会长，这也算是我对"安阳卷"编写的支持。实际上，《安阳古都风采》编写的大部分工作乃是安民一人完成的，我只是在他编写的初稿上进行了一些加工而已。

"安阳卷"的编写，努力做到雅俗共赏，融学术性与通俗性于一体。在引用现代人的著作或文章时，均详细注明引文的来源。在引用古籍时，一般只注明作者、书名、卷数或篇名，如果是后人的注疏文字，则注明古籍的版本信息和所在页码。引文必有源，学术必严谨，这是"安阳卷"的一大特色和优点。

2022 年 4 月 23 日

（作者系安阳古都学会会长，历史学博士、教授）

前　言

　　漳河蜿蜒，洹水汤汤，哺育了千年古都安阳。

　　安阳位于河南省最北部，晋、冀、豫三省交会之地，西依巍巍太行与山西省接壤，北临滔滔漳河与河北省相望，东连濮阳，南邻鹤壁。安阳地处中原腹地，枕山襟河，腰膂天下，地势西高东低，山地、丘陵主要分布于林州市、安阳县西部，市境中、东部是广袤无垠的平原。漳河、洹河、汤河、卫河、淇河润泽着这片土地。安阳地理位置优越，交通便利，土地肥沃，物产丰饶，市域总面积7413平方公里，2020年常住人口542.2万人。

　　在历史长河中，勤劳智慧的中国先民创造了光辉灿烂的文化。安阳有人类聚居的历史，可以追溯到距今2.5万年至1.1万年前的中国旧石器文化时期。洹河上游的小南海原始人洞穴，记录着早期人类活动的遗迹，被定名为"小南海文化"。从旧石器文化时期到新石器文化时期，人们从山地走向平原，沿河泽而居。磁山裴李岗文化、仰韶文化、龙山文化在安阳境内均有遗存。在距今约4400年前，古代五帝中的颛项、帝喾都帝丘，今内黄三杨庄西北有二帝陵遗址。上古时，安阳属《尚书·禹贡》所记的冀州之地。夏代时，帝胤甲建都于西河，今汤阴东北的西河村为其故地。商代中期第十三位王河亶甲居相，所筑都邑在今内黄县的南郊。

殷墟甲骨文是汉字的源头，是中国最早成熟的汉字体系。灿烂的殷商文明是全人类共同的文化遗产。殷商时期的甲骨文、青铜器、《周易》文化享誉世界，将中国的信史年代上溯近千年。近年来考古发现，殷墟以北洹北商城的年代在公元前1600年至公元前1300年之间，为商代中期安阳建城的起始。即使从盘庚迁殷算起，安阳建城的历史距今也有3300多年。

安阳的战略地位十分重要。战国时期，黄河流经安阳以东，号称"天下之脊"的太行山脉成为一道天然屏障。太行山以东与华北平原的接合部，有一条贯通南北的交通要道，安阳正处于太行山前平原这条南北交通要道上，西逾太行关隘可进入山西高原，东连齐鲁大地可进入海滨。历史上的安阳，自殷商以降，先后称殷、安阳、魏郡、邺、相州、彰德，一向为国都大邑、河朔重镇，是华北平原南部的政治、经济、文化中心。

历史的长河千年流淌，自盘庚迁殷起，安阳做过254年的商都。魏晋南北朝时期，这里又是曹操的魏王国和后赵、冉魏、前燕、东魏、北齐等政权的国都南郊，是为邺都之地，合计都邺94年。殷都和邺都合称为安阳大古都。著名历史地理学家谭其骧先生在《中国七大古都·序言》中写道："殷和邺都是安阳的前身，安阳继承殷和邺成为河北平原南部、太行山东麓的都邑。"谭其骧先生还认为："盘庚舍奄就殷，曹操舍许就邺，石虎自襄国迁邺，慕容隽自蓟迁邺，高欢舍洛阳都邺，可见安阳是古代农业最发达的黄淮海大平原亦即'中原'的中心，所以多次被统治中原的王霸选定为宅都之地。"[1]

　　作为甲骨文的发现地,《周易》文化发源地,国家历史文化名城,中国八大古都之一,世界文化遗产——殷墟、大运河滑县段的所在地,安阳是中原华夏文明早期发祥的中心之一。1952年,毛泽东视察安阳时说"安阳是个好地方"[2]。1959年,郭沫若留下"洹水安阳名不虚,三千年前是帝都""中原文化殷始创,观此胜于读古书"[3]的赞誉。

　　本书将带领大家走进古都安阳,领略和重温这片神奇的文化沃土。

编　者

2022年5月20日

　①　陈桥驿主编:《中国七大古都》,中国青年出版社1991年版,第9页。
　②　郭新法:《毛泽东休息的七天》,河南人民出版社1994年版,第196页。
　③　郭沫若:《观圆形殉葬坑》,《光明日报》1959年7月18日。

目录

总　序 / 刘朴兵　　　　　　　　　001

前　言　　　　　　　　　　　　　006

第一章　漳洹流域文明的曙光　　001

　　一、安阳的自然环境　　005

　　二、小南海文化遗址　　005

　　三、新石器文化积淀　　008

　　四、后冈三叠层遗址　　013

　　五、渔洋古村六千载　　016

第二章　世界文化遗产：殷墟　　021

　　一、商族迁徙与繁荣　　022

　　二、汉字源头甲骨文　　027

　　三、瑰丽堂皇青铜器　　034

　　四、殷商的社会生活　　037

　　五、中国考古学摇篮　　041

第三章　周秦两汉时期的殷邺　　052

　　一、周文王羑里演易　　052

　　二、邶风的千年吟唱　　057

三、齐桓公初筑邺城　　061

四、漳河投巫驱阴霾　　064

五、安阳之名的来源　　066

第四章　**魏晋北朝时期的邺都**　**069**

一、莘莘大端邺文化　　069

二、曹操都邺大有缘　　077

三、曹操与邺下文人　　084

四、疑冢与曹操高陵　　089

五、民族融合聚邺都　　098

六、佛武兼修稠禅师　　100

第五章　**隋唐宋元时期的相州**　**103**

一、邺都毁废相州兴　　103

二、寻迹隋唐相州城　　107

三、千载悠悠话相州　　109

四、韩稚圭三治相州　　113

五、古相州城南旧事　　120

六、金代的相州街市　　123

七、云烟往事鲸背桥　　125

第六章　**明清民国时期的彰德**　**131**

一、规制严整彰德城　　132

二、惊艳安阳八大景　　138

三、邂逅十六小景致　　149

四、洹河的舟楫帆影　　153

五、京汉铁路与安阳　　　157

六、点亮古城的电灯　　　161

七、洹河之畔话袁林　　　164

第七章　**风姿绰约的古都安阳**　　　**172**

一、安阳跻身大古都　　　172

二、著名学者话安阳　　　179

三、千载诗话吟安阳　　　190

四、安阳的历史沿革　　　198

五、活力古都绽风采　　　206

参考文献　　　217

后　记　　　222

第一章

漳洹流域文明的曙光

安阳是黄河流域华夏文明发祥的中心之一，漳河、洹河润泽着这片土地。在距今 2.5 万—1.1 万年前的旧石器时代，小南海原始人就生息、繁衍在洹河上游的两岸。新石器时代，磁山裴李岗文化、仰韶文化、龙山文化的众多遗址沿洹河、漳河分布。史前人类在漳洹流域生生不息，文明的曙光从这里升起，奠定了后世殷商文明的根基。

一、安阳的自然环境

从空中俯瞰安阳这片土地，巍巍太行以东，滔滔黄河以北是广袤无垠的华北平原，这里是中国自然地势从第二阶梯向第三阶梯过渡的地带。号称"天下之脊"的八百里太行，自燕山余脉至黄河岸边纵贯南北。发源于太行山脉的漳河、洹河是流经安阳的两条主要河流，形成了漳洹冲积扇平原。安阳西部为丘陵山地，中、东部是一望无际的平畴沃原。这里地势平坦，气候温润，水源充沛，土壤肥沃，植被丰茂，哺育了千年古都安阳。

（一）安阳地理坐标

安阳市位于河南省最北部，地理坐标为北纬 35°41′—36°21′，东经 113°38′—114°59′。东与濮阳市接壤，南与鹤壁市、新乡市相连，西隔太行山与山西省长治市相望，北濒漳河与河北省邯郸市毗邻。安阳北距首都北京 502 公里，南距省会郑州 187 公里。京广铁路、京深高铁、京港澳高速公路、107 国道纵贯南北。

安阳交通便利，素有"豫北要冲""四省通衢"之誉。安阳市辖区东西 122 公里，南北 128 公里，总面积 7413 平方公里，约占河南省总面积的 4.47%，安阳市区面积 543.6 平方公里。市境版图自西向东依次为林州市、安阳市区和安阳县、汤阴县、内黄县、滑县。

（二）安阳地形地貌

安阳全境地势西高东低，呈阶梯状分布。西部巍峨的太行山逶迤连绵，重峦叠嶂。中、东部平原沃野坦荡，物阜境优。境内最高

安阳西部林州太行秋色

广袤的漳河洹河平原

点为林州市的四方垴,海拔 1632 米;最低点在内黄县,海拔仅 50 米。山地、丘陵、平原等多种地貌类型,构成复杂的地表形态。

京广铁路以东地区地势开阔平整,属太行山山前平原,约占全市面积的 60%,海拔标高一般为 70 米,向东逐渐降为 50 米。安阳平原区突兀山丘甚少,汤阴县瓦岗镇火龙岗标高 111.3 米,市区东北部的韩陵山标高 87.8 米,丘陵之间的高差仅 10 余米。

(三)安阳气候特征

安阳地处北暖温带,属大陆性季风气候,四季分明,气温适宜,适合于种植业和养殖业的发展。在气候上,春季干旱回暖快,夏季炎热雨水聚,秋季宜人节令短,冬季严寒雨雪稀。

安阳市历年平均气温为 12.7—13.7℃,夏季极端最高气温为

40.5—42.8℃，冬季极端最低气温为 -19.2—-23.6℃。全年日照时数为 4431.8—4432.3 小时，全年平均日照百分率为 55%。

安阳市历年平均降水量为 581.1—693.1 毫米，最多年降水量为 1247.9 毫米，最少仅 243 毫米。年平均相对湿度为 65%—68%，年蒸发量历年平均为 1927.3—1997 毫米。

（四）安阳土地资源

安阳市总面积 7413 平方公里，总土壤面积约为 62.87 万公顷，耕地总面积 412.3 千公顷。土壤类型丰富，全市共有 10 种土壤类型。

潮土是安阳市第一大土类，面积为 30.61 万公顷，占全市总土壤面积的 48.69%，集中分布在卫河以东的广大冲积平原和太行山山前冲积扇下部以及林州市盆地低洼区和河流两侧。

褐土是安阳市第二大土类，面积 20.6 万公顷，占全市总土壤面积的 32.77%，集中分布京广线以西的山丘区和东部的冲积扇中部以及汤阴县瓦岗镇火龙岗一带。

石质土面积 9.74 万公顷，占全市总土壤面积的 15.49%，为山地土壤，广泛分布于西部山丘区，以育草、育林为宜。

风沙土面积约 6580.6 公顷，占全市总土壤面积的 1.05%，属于冲积型风沙土，集中分布于滑县、内黄县黄河故道区和安阳县的漳河故道区。其他土类面积较小。

（五）安阳的水资源

安阳市西部山区为受水、泄水区，接受大气降水，并转补地下，地面河谷泾流罕少，为缺水地区。山区以东、京广铁路以西的丘陵地带，除接受降水外，还有地下水出露，涌出量稳定，形成多条河流，与地下潜水互补，供水量较有保证。东部平原区地势低平，地下水位较高，水量充沛，为富水区。

洹河上游善应村河段　　　　　洹河东风桥景致

安阳市多年平均水资源总量为 16.31 亿立方米，其中降水资源可利用量为 11.94 亿立方米，客水资源可利用量为 4.37 亿立方米。安阳市人均水资源占有量为 322 立方米。安阳市境内建有岳城水库、彰武水库、小南海水库、南谷洞水库、汤河水库等大小水库 119 座，总库容量 4.77 亿立方米，现有万亩以上的大中型灌区 10 处。

国家南水北调中线工程总干渠在安阳市境内全长 66 公里，穿越汤阴县、文峰区（高新区）、龙安区、殷都区等县区的 14 个乡（镇）、85 个行政村。

二、小南海文化遗址

安阳地处洹河、漳河流域。河流与人类的关系至为密切，古代的先民逐水而居。远古时代，这里林木繁茂，气候温润，土壤肥沃，宜于农牧。我们的先民在洹漳流域创造了灿烂的古

代文明，从旧石器时代的小南海文化起始，千万年来，文明之
光始终闪射出绚丽的光彩而不灭，成为华夏文明的重要发祥地
之一。①

旧石器文化时期，人们居住在天然山洞里，使用粗糙的打制石
器，以采集天然食物和渔猎为生。白天人们外出打猎、采集，夜晚
回到洞穴里歇息。安阳市龙安区善应镇的小南海原始人洞穴遗址，
就是早期人类居住的家园。

小南海原始人洞穴遗址

1960 年 3 月，在洹河上游的小
南海水库开山取石时，人们发现了
一处史前人类的洞穴遗址。它位于
善应镇小南海水库北面的后驼村西
的山腰上，洞穴纵深 55 米，洞口
宽 4 米，高 2 米，文化堆积层厚约
6 米。同年 4 月，小南海原始人洞
穴遗址进行了首次发掘。这次发掘
由中国科学院考古研究所研究员安
志敏主持，目的在于调查洞穴堆积
的时代、性质以及文化层的厚度。1978 年春，又进行了第二次考
古发掘。

两次考古发掘，共出土文物数千件。其中，砍砸器、尖状器、
刮削器等各类打制石器 70 余件，还有众多的石片、石核及部分装
饰品。部分石器的刃部还留有明显使用过的痕迹。除石器外，还发
现了许多动物的粪便、遗骨化石以及燃火灰烬的遗迹。通过对化石

---

① 吕何生：《安阳漳洹文化体系研究》，《中国古都研究》2013 年第 2 期。

进行科学鉴定，确认这些动物有水牛、斑鹿、野驴、野猪、羚羊、狼、披毛犀、猩猩、刺猬等。

经科学测定，小南海原始人洞穴遗址的下层文化距今约2.5万年，上层文化距今约1.3万年，说明史前人类在这里生活居住了1.2万年左右。小南海原始人生活的时代，正是中国旧石器文化晚期向新石器文化过渡的时期。

小南海原始人洞穴遗存还表明，在旧石器文化晚期，安阳一带气候温暖湿润，有广阔的草原和森林，有众多的沼泽和河流，许多大型哺乳动物生活于此，为原始人类从事狩猎和采集生活提供了良好的环境。因此，小南海原始人才能够长期生活在这里。由于洞口堆积越来越厚，洞顶岩石也时有崩塌，大大限制了人们的活动空间，小南海原始人才离开洞穴，从丘陵山地走向了生存条件更好的河泽平原。

善应小南海风光

与中国其他地区的旧石器文化遗存相比较，小南海原始人洞穴遗存有着明显的差别，它代表了一定时期和一定地域的文化特征。因此，1965 年安志敏主持撰写的《小南海遗址试掘报告》一经发表，便在考古学界和古人类学界引起了很大的震动。中国科学院院长、著名历史学家郭沫若将之命名为"小南海文化"。1965 年，小南海文化遗址被河南省人民政府公布为省级重点文物保护单位。半个多世纪以来，小南海文化遗址吸引了众多国内外知名的专家学者考察研究。

小南海文化遗址是中原地区首次发现的中国旧石器文化晚期遗址，它和著名的北京周口店山顶洞人（距今约 1.8 万年）属于同一时期，但比山顶洞人生活的时间跨度还要大。小南海文化遗址，对于研究中国旧石器文化晚期的人类社会生活和人类发展史，都具有重要的意义。

三、新石器文化积淀

新石器文化在距今 10000 年前，延续到公元前 2000 年左右。磨制石器、制陶、纺织和农耕、畜牧的出现是新石器文化的基本特征。作为中原华夏文明的重要发祥地之一，安阳市境内的新石器文化主要有：距今 8000—7000 年的磁山裴李岗文化，距今 7000—5000 年的仰韶文化，距今 5000—4000 年的龙山文化。这些文化遗址印证着中华文明的起源、形成、发展的历史脉络，阐释了中华文明多元一体格局的形成和发展过程。

（一）仰韶文化遗址

仰韶文化以 1921 年发现于河南省渑池县仰韶村而得名，是分布于黄河流域的新石器时代的文化。安阳的仰韶文化分布较广，后冈遗址和大司空遗址是具有典型地方特征的仰韶文化类型，它们是中原仰韶文化的重要组成部分。

后冈遗址位于安阳市殷都区京广铁路以西的洹河南岸，因地处高楼庄后面的冈（高地）上而得名。后冈遗址的仰韶文化特征有三：第一，石器以磨制为主，但打制和琢制石器仍占相当的比重；第二，石器种类较少，主要有铲、斧（锛）与两侧带缺口的石刀；第三，陶器以泥质红陶为主，砂质红陶和泥质灰陶次之，均为手制，常见的陶器种类有灶、敞口深腹高足鼎、敛口折沿深腹平底罐、大口圆钵、大口平底碗、小口深圆腹平底瓮、小口长颈折腹平底瓶和大口深腹圜底缸等，器表有少量弦纹、线纹、锥刺纹和附加堆纹。

大司空遗址因首先发现于河南省安阳市大司空村而得名，该遗址隔洹河与后冈遗址相望。大司空遗址的仰韶文化特征为：第

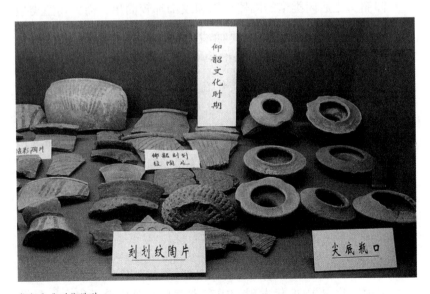

仰韶文化时期陶片

仰韶文化遗址安阳县西裴村一隅

一，石器多为磨制，其种类有斧（锛）和长方形穿孔石刀；第二，陶器以砂质和泥质灰陶为主，泥质红陶次之，并有少量砂质红陶、黑陶、白陶和彩陶。常见的陶器有敛口平底钵、敞口碗、折腹盆、小口鼓腹平底罐等。器表纹饰以篮纹为多，并有绳纹、划纹、锥刺纹、方格纹和席纹。彩陶以红色或赭色为主，纹样有弧线三角、平行线、曲线、半环、同心圆等组成的各种图案，其中蝶须纹、水波纹、眼睫毛纹最具特色。

仰韶文化后冈类型的陶器形制和纹饰都较简单，而大司空类型的陶器形制和纹饰较复杂，特别是小口罐和敞口碗都接近于龙山文化，纹饰以篮纹为多，故后冈类型要早于大司空类型。

从考古调查来看，仰韶文化在安阳洹河流域分布十分广泛。1997年，中国社会科学院考古研究所、美国明尼苏达大学科技考古实验室组成了中美洹河流域考古队，在洹河上游发现的仰韶文化后冈类型遗址有大正集、柴库、后冈等，洹河下游有东官园、小吴村、小八里庄等。在洹河上游发现的仰韶文化大司空类型遗址有东夏寒、大正集、范家庄、秋口同乐寨、侯家庄、大司空，洹河下游有鲍家堂、大寒南岗等文化遗址。

（二）龙山文化遗址

龙山文化以1928年发现于山东省章丘县龙山镇而得名，是继仰韶文化之后在黄河中下游地区发现的一种新石器晚期文化,年代在距今 5000—4000 年。河南龙山文化分为不同的类型,就安阳而言,主要是以后冈遗址为代表的后冈类型,包括汤阴白营,安阳县八里庄、大寒,殷都区柴库北地等龙山文化遗址。

后冈龙山文化遗址经过多次发掘,出土的生产工具以石器为主,除较精致的磨制石器外,还有少量的打制石器。磨制石器有带孔铲、刀、斧、锛、镰、镞、磨盘、杵等,另有打制或琢制的黑燧石质的刮削器和石钻。骨器和蚌器也较多,有铲、凿、锥、镞、矛、鱼鳔刀、镰等。陶器胎质以砂质和泥质灰陶为主,红陶、黑陶、白陶次之,其中以鬲、甗、扁足鼎、弧形流鬶为该类型的代表性陶器。后冈龙山文化遗址还发现有夯土城墙、半地穴式圆形或方形房屋。房屋的地面有一层白灰面,中部多有一个略高出地面的圆形灶。房屋的墙壁,除木骨架泥墙外,还有土坯墙。

汤阴白营龙山文化遗址位于汤阴县城以东 6 公里的白营村东。

龙山文化时期陶片

遗址发掘面积 1483 平方米。文化堆积有 4 层，除表层为较薄的西周文化层外，上层属河南龙山文化晚期，中层为典型的龙山文化，下层属河南龙山文化早期。遗址的河南龙山文化层堆积厚，保存较好，内涵丰富，是豫北地区龙山文化遗址的典型代表，对研究当时人类的社会状况、文化交流具有重要的价值和意义。

八里庄遗址位于安阳县高庄乡八里庄村西南半里许的一处高出地面约 3 米的台地上。遗址发掘面积 180 平方米，出土陶器 130 件、骨器 60 件、蚌器 20 件、石器 70 件，发现灰坑 25 个、房基 18 座、小孩瓮棺葬 5 座、成人墓 2 座、窑址 1 座。八里庄遗址的文化层堆积较厚，包含有较薄的西周层和龙山文化遗存。遗址内还发现了中国最早砌墙用的土坯，代表了这一时期的建筑技术。

大寒村遗址位于安阳县白壁镇南约 2 公里的大寒村。遗址面积约 25 万平方米，坐落在村南约 500 米的一个高七八米的土岗上，故又称"大寒南岗"。该遗址出土器物十分丰富，陶器主要有鼎、鬲、甗、罐、瓮、豆、簋、碗、网坠等，玉石器主要有刀、镰、斧、锛、凿、钻、矛、镞等，骨角牙器主要有凿、锥、镞、针等 116 件，蚌器主要有刀、镰、铲、锥、装饰器等 185 件，此外还有卜骨 8 件。该遗址发掘有龙山文化房址 6 座，灰坑 20 座，墓葬 2 座，二里头文化灰坑 1 座，西周墓葬 3 座。6 座龙山房基的发现，为了解和研究河南龙山文化房屋的布局、结构及建筑技术提供了不可多得的资料。

柴库北地龙山文化遗址，位于殷都区柴库村。该遗址出土有大量的陶器残片，器形主要有鼎、豆、罐、尊、鬲、碗、瓮等，其他器物有蚌镰、石斧、骨簪等。该遗址发现有龙山文化时期城墙遗址和城壕遗址 140 余米，发掘揭露面积 200 余平方米，发掘文化遗址面积 600 余平方米，发现陶窑 1 座、祭祀遗址 1 处、白灰地面房基1处。从分布地域来看，柴库遗址与安阳后冈、汤阴白营、安阳八里庄、大寒南岗等遗址同位于豫北安阳市境内，此区域应为后冈二期文化的核心分布区域。柴库遗址中发现的城墙及虎形堆塑图案，为后冈二期文化增添了更加丰富的内涵。

1988—1989年，安阳市文物工作队还对殷都区秋口同乐寨、范家庄连环寨文化遗址进行了大面积发掘，发掘面积1

新石器时代龙山文化出土的白陶

万平方米。发掘表明，这两处古代遗址均包括仰韶文化、龙山文化和商文化遗存，但遗址主体为龙山文化。在范家庄连环寨遗址中，发现了仰韶文化时期的人骨堆积遗存及商代的埋葬坑，遗址中还出土有大量的陶器、石器、骨蚌牙器等，其中骨镞、骨戈等器物保存完整，具有较高的文物价值。

四、后冈三叠层遗址

后冈遗址是一个十分典型的史前文化遗址，它以代表黄河中游新石器时代的仰韶文化、河南龙山文化、商代青铜和农业文化"三叠层"而著称于世。起始于20世纪30年代初期的后冈遗址的发现与发掘，廓清了仰韶文化、龙山文化和商文化先后的叠压关系，"后冈三叠层文化"解决了之前长期困扰考古学界的仰韶文化、龙山文化时代先后的问题，具有重要的考古学意义。

后冈遗址是安阳著名的史前文化遗存，1931 年考古学家梁思永主持发掘，总面积约 10 万平方米。梁思永（1904—1954 年），广东新会人，民国中央研究院第一届院士。1923 年，梁思永自清华学堂留美预备班毕业赴美留学。1930 年，获美国哈佛大学考古学硕士学位后回国。第二年春天，他主持了安阳后冈遗址的发掘。这次考古发掘共开挖探沟 25 条，发掘面积 216 平方米，发现有白灰面房屋基址、陶器、石器、骨器等。1931 年秋，梁思永又主持后冈遗址第二次考古发掘，开挖探坑 20 个，发掘面积 385 平方米，除发现有白灰面房址外，还发现了一段长约 70 米的夯土围墙。根据文化层的土质土色和出土遗物的特征，考古人员将发掘出来的文化层分为三层，即上层为殷墟小屯文化层，中层为河南龙山文化层，下层为河南仰韶文化层，这就是中国考古学史上著名的"后冈三叠层"文化遗址。

经碳 -14 放射性元素测定，后冈遗址的河南仰韶文化墓葬和陶器，年代为公元前 4390 年至公元前 4180 年。后冈遗址的河南龙山文化遗存主要有 39 座房屋基址，绝大多数为圆形或不规则圆形的白灰地面式建筑，直径 3.6—5 米，中间有隆起的圆形灶面。这些建筑反映出当时的漳洹流域已进入农业社会，人们过着长期定居的生活，并形成了原始村落。后冈遗址的商代遗存是一个较大的祭祀坑，其中掩埋 73 具人骨，在坑中还发现有不少青铜器和陶器、成堆的贝、谷物和烧焦的麻丝织物。后冈遗址的三叠层文化堆积，说明了从仰韶文化时期开始，这里已经形成了一个居民聚落，一直延续到商代晚期，长达 2000 多年。

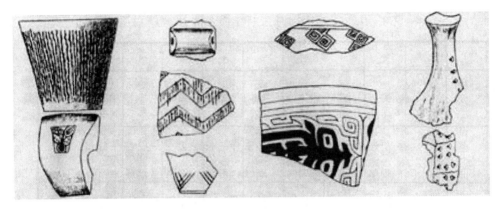

后冈上层殷墟文化层出土器物

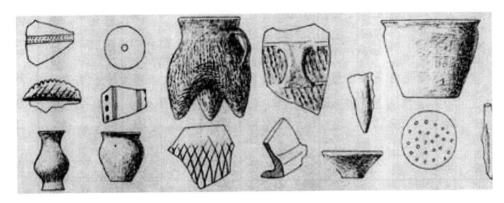

后冈中层龙山文化层出土器物

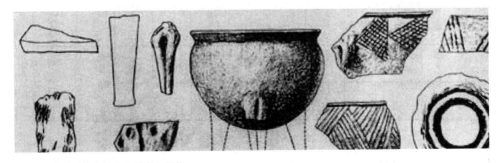

后冈下层仰韶文化层出土器物

20世纪70年代，中国社会科学院考古研究所对后冈遗址展开新一轮考古发掘。发现了仰韶文化的彩陶钵、碗、罐形鼎，这些彩陶多装饰有三角斜线纹、多道短线纹等，学术界将其文化遗存命名为"仰韶文化后冈类型"。历史地理学家邹逸麟先生指出："安阳附近原始人类遗址的分布和相叠关系，说明了从旧石器时代至商、周一脉相承的文化联系。其间经过了从穴居狩猎到建筑房屋，从事农业、手工业的社会发展历程。有足够的证据可以认为，距今6000年开始，安阳已经成为黄河中下游交接地带的先民聚居区。"①

五、渔洋古村六千载

渔洋，这个漳河岸边不足千户的古村落，文化遗址堆积层范围1万多平方米，厚达3米，有着从新石器时代到近代不同历史时期的文化遗迹，堪称一部用文物写就的6000年不断代的中国通史。渔洋村民龙振山潜心搜集研究渔洋文物近半个世纪，对传承保护渔洋文化作出了杰出贡献，被称为"渔洋文化守望者"。

（一）文化瑰宝渔洋

渔洋村位于安阳市殷都区安丰乡北部，南距安阳市区22公里。该村古名"三户津"，明清以来是漳河南岸的一个繁华渡口。从地形上看，渔洋村处于太行山余脉向华北平原过渡带的丘陵地带。村东南即为曹操高陵所在地西高穴村。

在渔洋村漳河南岸的河滩与高台地之间，分布有从仰韶文化、

---

① 陈桥驿主编：《中国七大古都》，中国青年出版社1991年版，第122页。

渔洋古镇西券门

龙山文化、下七垣文化，到商、周、春秋、战国、汉代、三国、两晋、南北朝、宋、元、明、清等各个不同时期的历史文化遗迹。比较著名的有村北战国时期的西门渠（东魏改称天平渠）遗迹。从村北裸露的土层里，可以看到不同年代的大量陶瓷片。在一处长满荆棘的地方，地层断面有红色的烧土，土中有一些质地坚硬、造型古拙的黑色瓦片，这里是东魏、北齐时期的一个窑场。

在渔洋村内，有建于明清时期的寨门、古商道等历史建筑遗迹。其中明代所建的西寨门，位于村西口，拱形门洞，青砖砌筑，现已得到保护修缮。南寨门为清乾隆五十五年（1790 年）重修。村中的东西路，为明清时期的古商道，用青石板铺就，穿村而过。村中散落着几处规制较高的民居建筑，院落门楣刻写着"致中和""持忠恕""耕且读"，字迹饱满遒劲。古建院落内的砖雕、木雕、石雕图案精美，技法娴熟，具有较高的文物价值。

（二）守望渔洋文化

龙振山是一位土生土长的渔洋村民，20 世纪 70 年代参观安阳

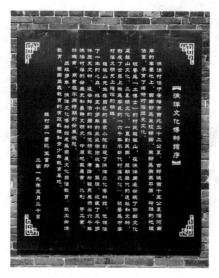

渔洋文化博物馆简介

市博物馆的一次文物钱币展览，激发了他对历史文物的浓厚兴趣。多年来，他坚持自费订阅文物考古报刊。在生产劳动之余，他自学考古学、中国古典文学，经常虚心向专家学者求教。他学以致用，跋山涉水，痴迷探寻，周边数县和村中的每一寸土地都布满了他的履痕。

每找寻到一件陶片，龙振山都像得到宝贝似的百般呵护，仔细观察，查阅书籍，推断年代。那些在别人看来不值钱的"破烂儿"，对于他来说却比什么都珍贵。如今，在他的农家小院里，"安阳渔洋文化遗址文物保护所"已成为人们踏访渔洋古村的必到之处。在他的"博物馆"里，陈列着历代的陶器、石刻、瓦当、钱币等3000多件文物。这些文物，都是他"捡"来的。

龙振山还担任渔洋村党支部副支书兼会计，被誉为乡村财务的"红管家"。虽然大小是个"官"，但敦厚朴实的他却不擅言谈。龙振山执念笃行，在保护文物、唤醒村民文物保护意识上倾注了大量心血。他主持或参编了《渔洋村志》《安丰乡志》《文化安丰》《守望渔洋古村》等著述，在国家、省文物考古期刊上发表了多篇有影响的学术论文，被人们称为渔洋文物保护和研究的"土博士"。

近半个世纪的文化坚守，缘于他早年就确定的人生方向和目标，守望家园，孜孜以求，传承文化，乐此不疲。

渔洋文化博物馆展陈历代陶器、瓷器

在一般农民眼里，土地生长庄稼；在龙振山这位农民眼里，土地承载着历史。一样的播洒和耕耘，龙振山收获的，不仅仅是夏粮秋果。他在这块土地里，刨出了6000年不间断的一部活生生的中华文明史。农民和考古，似乎相去遥远，而安阳渔洋村的龙振山，用30多年的积累，3000件文物的收藏，6000年历史的链接，将这两个概念叠加在他的身上。①

渔洋文化守望者龙振山

龙振山以他的深情眷恋，守望着渔洋古村这片神奇的土地。他将全部精力都用在文物收集和渔洋文化的保护传承上。2005年，龙振山被推选为首届"感动安阳年度十大人物"。他两度入选河南省优秀文物保护员，荣获安阳市劳模、"五一"劳动奖章。2006年6月，渔洋文化遗址被公布为河南省文物保护单位。2013年9月，国家住房和城乡建设部、文化部、财政部联合公布第二批中国传统村落名录，"安阳市安阳县安丰乡渔洋村"名列其中（2016年底，安丰乡划归安阳市殷都区），认定渔洋村具有物质形态和非物质形态文化遗产，是具有较高的历史、文化、科学、艺术、社会、经济价值的古村落。龙振山，这位农民出身的渔洋文化守望者，对渔洋文化的传承保护作出了杰出的贡献。

---

① 2005年首届"感动安阳年度十大人物"颁奖辞。

第二章

世界文化遗产：殷墟

2006 年 7 月 13 日，在立陶宛召开的第 30 届世界遗产大会上，殷墟成功入选《世界遗产名录》，成为世界文化遗产。第 30 届世界遗产大会对安阳殷墟的评价为："这里出土的 15 万片甲骨上，发

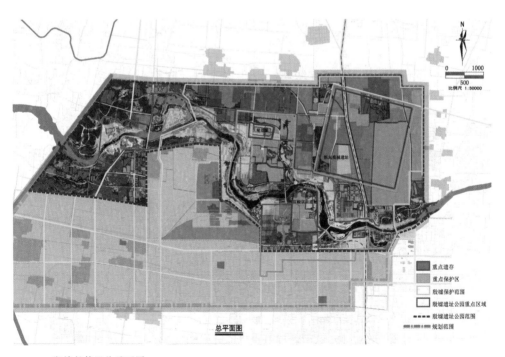

总平面图

殷墟保护区总平面图

现了目前中国文字体系最早的证据，至今仍为世界上 1/5 的人口使用。'殷墟'，堪与古埃及、古巴比伦、古印度文明相媲美，以其甲骨文、青铜器、玉器、古天文历法、丧葬制度及相关理念习俗、王陵、城址、早期建筑以及中国考古学摇篮等特征闻名于世，文化影响广传而久远，真实性、完整性强，具有全球突出的普遍价值，有良好的管理与展示。"①

一、商族迁徙与繁荣

商王族"子"姓，始祖为契。相传，契的母亲简狄吞食了一枚"玄鸟"（燕子）卵而孕，生下了契。契在尧舜时期任司徒，掌管教化百姓。早期的商族，迁徙不定。自契至汤立国，凡十四代，迁徙八次。自汤至盘庚，又迁徙了五次。直到盘庚迁殷后，商王朝逐渐步入繁荣和鼎盛。

公元前 1600 年商汤灭夏，商王朝建立，其统治中心位于黄河中下游地区。公元前 1300 年，商代第二十位国王盘庚率领子民从山东"奄"（今山东曲阜）西渡黄河，来到当时称为"北蒙"的安阳洹水之滨，建立了长期稳定的都城。商朝在这里共传位八代十二王，历 254 年。"北蒙"一带的殷地，成为殷商王朝的政治、经济、文化中心。洹滨殷都成为中国历史上第一个有文字记载并经考古发掘证实的、有着稳定疆域和长期定居的都城。盘庚迁殷后，"行汤之政，然后百姓由宁，殷道复兴"②。

王室统治的加强为商王朝的发展奠定了基础。商王武丁即位

---

① 《文明》杂志社：《2012 年安阳特刊》，第 17 页。

② ［汉］司马迁：《史记》，卷三，《殷本纪》。

世界文化遗产——殷墟

殷墟王陵区遗址

殷墟宫殿宗庙遗址鸟瞰

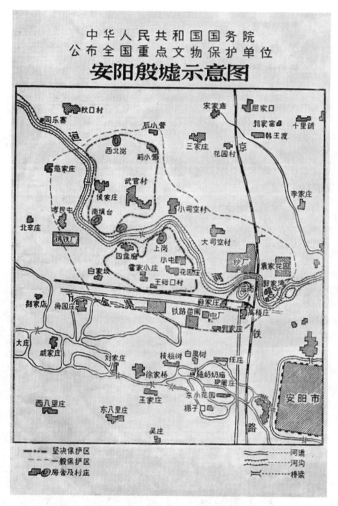

1961 年公布的安阳殷墟保护区示意图

后，拜傅说为相，文治武功，国威大振，史称"武丁中兴"。商王朝成为古代东方强大的奴隶制国家，殷都在世界城市史上也占有重要的地位。

武丁的妻子妇好是中国历史上第一位能征善战的女将军，她为商王朝开疆拓土，屡立战功。在征伐羌方的战役中，妇好一次领兵 1.3 万多人，大获全胜。为纪念妇好的功绩和表达对这位王后的厚爱，妇好去世后，武丁破例在王室宫殿的近旁为她建造了一座大墓，兴建享堂祭祀，陪葬了许多珍贵的器物。

武丁在位 59 年，向北征服了居住在今山西、陕北直至内蒙古河套以北的土方、危方、鬼方等游牧部族，向南征伐过江淮流域的许多方国、部落，兵锋所及至更远的长江以南地区。此时的商王朝进入强盛时期，疆域东北到达辽宁，西面越过太行山进入山西高原，西南至川峡，南抵江淮。殷商文化辐射和影响的范围更为广阔，与殷墟同时代的商代遗址分布很广，在河北中西部，山西、山东和安徽、湖北、湖南、江西、四川都有发现，它们都具有殷墟文化的特征和要素。

二、汉字源头甲骨文

现下我们可以确定商代殷墟文化实在是一个灿烂的文化，具有都市、文字和青铜器三个要素。并且它又是一个灿烂的中国文明。中国文明有它的个性、它的特殊风格和特征。在上述三个要素方面，它都自具有中国色彩的特殊性。[1]

（一）甲骨文与"四堂"

19 世纪末，安阳城西北的小屯村民，经常将农田中翻检出来的龟甲、牛肩胛骨等碎片，作为中药"龙骨"出售给中药铺，这些"龙骨"逐渐流传至京津一带。1899 年，清国子监祭酒、金石学家王懿荣偶染风寒，他发现服用的中药中有一味"龙骨"，上面刻写

---

① 夏鼐：《中国文明的起源》，文物出版社 1985 年版，第 91 页。

有类似"天书"的文字。他判定这是上古时期的一种文字，于是大量收购中药铺的"龙骨"，并加以研究。同一时期，其他古董商人和金石学家也从不同途径进行收购，著名的有刘鹗、王襄等，但他们均不知道这些刻字甲骨出土的确切地点。20世纪初，经过罗振玉实地调查探访，才弄清楚刻字甲骨出土于河南安阳。蕞尔一村，豫北小屯，遂"一片甲骨惊天下"。

罗振玉将收集到的刻字甲骨，编印成《殷墟书契》（前编、后编、续编）和《殷墟书契菁华》等，他还与王国维一起结合文献记载进行考订，确认安阳小屯村一带为盘庚迁殷后的商代王都，也就是文献记载的"殷墟"所在地。从此，湮没了数千年的商代晚期都城遗址重现于天下。

对早期甲骨学研究有重要贡献的四位学术大家为罗振玉、王国维、董作宾、郭沫若，因四人的字号中均有一个"堂"字，故后人称之为"甲骨四堂"。

罗振玉（1866—1940年），字叔蕴，号雪堂，浙江上虞人，自幼研读古籍，对文物古董有很深的造诣。清光绪二十七年（1901年），他在刘鹗处首次见到了甲骨文的拓片，惊叹为汉以来文字学家所未见之物。罗振玉促成刘鹗编出第一部甲骨著录《铁云藏龟》，并亲为作序。罗振玉几经探访，查明了甲骨的真正出土地在河南安阳小屯村，作出了甲骨乃是殷室王朝之遗物的正确推断。罗振玉从光绪三十二年（1906年）开始收集研究甲骨，到民国13年（1924年）为止，其著述已有6种14卷，奠定了早期甲骨文考释研究的基础。

王国维（1877—1927年），字静安（亦字"伯隅"），初号礼堂，晚号观堂，浙江海宁人。民国元年（1912年）跟随罗振玉潜心研究甲骨文，他的最大成就在于将甲骨文与古文献记载相结合，

■ 在甲骨文发现、挖掘、论证、研究过程中作出重要贡献的人物。左起上排为王懿荣、刘鹗、罗振玉、王国维；左起下排为李济、董作宾、郭沫若。

图片源于《文明》杂志（2012年安阳特刊）

以此考证商史，确立了古代史研究的"二重证据法"。1917年，王国维所著的《殷卜辞中所见先公先王考》，以甲骨卜辞印证了《史记·殷本纪》中关于商王世系的记载是真实可信的。

董作宾（1895—1963年），字彦堂（又作"雁堂"），号平庐，河南南阳人，是中国近代考古学的主要开创者，他主持参加了殷墟前七次和第九次发掘，奠定了中国田野科学考古的基础。董作宾对甲骨学最大的贡献是对甲骨卜辞作了断代研究，在民国21年（1932年）发表的《甲骨文断代研究例》中，提出了以"贞人"为识别标志的甲骨文断代方法，他将盘庚迁殷后的卜辞分为五期，这种分期方法至今仍被学术界采用。董作宾重视甲骨文的描摹，他的甲骨文书法为世界多家博物馆和私人所珍藏。

郭沫若（1892—1978年），字鼎堂，号尚武，四川乐山人。大革命失败后，郭沫若流亡日本。在日本期间，他开始涉猎甲骨文，其后 50 年间研究不辍。郭沫若研究甲骨文最显著的特点是具有明确的目的，研究方法科学有效。他结合甲骨文资料研究中国的古代社会，所著《卜辞中的中国古代社会》科学论证了商代奴隶制的社会生活。郭沫若晚年主持编纂了具有划时代意义的《甲骨文合集》。

（二）卜辞里的学问

上古时代没有文字，人们采用结绳记事。殷墟甲骨文与古埃及象形文字、古巴比伦楔形文字、古印度河流域原始文字，并称为世界四大古文字，但其他三种文字都先后湮灭于历史的长河中，唯有甲骨文传承至今，成为现代汉字的源头，维系着中华文明的血脉。今天任何一个中国人，都可以阅读哪怕是千年以前的古籍，查阅用汉字书写的浩如烟海的典籍，正是缘于中国文字的统一。殷墟甲骨文的发现堪称中国信史与传说、文明与蒙昧的分野。

商代晚期建立了长期稳定的都城，商王室遇有战争、祭祀、出巡、生育、农事、天文现象等都要占卜凶吉，依照"天命"行事。商人认为，龟是灵物，牛是国王祭祀神灵祖先的牺牲，均可沟通人与神之间的交流。从出土的甲骨实物来看，殷商甲骨以龟腹甲和牛肩胛骨居多。

在商代，王室中专门从事占卜的人称为"贞人"。占卜之前，他们事先将龟甲、兽骨修整好，并在甲骨的背面钻凿若干整齐的小圆坑。占卜时，在龟甲或兽骨的正面，刻上占卜的时间、占卜"贞人"的名字和所要占卜的内容，然后放在火上炙烤。由于甲骨的背面事先钻凿有圆坑，甲骨厚薄不均，炙烤之后，甲骨正面就会出现一些细小的裂纹。竖的裂纹叫"兆"，横的裂纹叫做"坼"。兆、坼相接，形如"卜"字。"贞人"根据甲骨上兆坼的长短走向来判断凶吉，最后将占卜的结果和事后的应验情况锲刻在甲骨上。后人将这些刻在龟甲或牛骨上的文字，称为"甲骨文"或"甲骨卜辞"。

卜辞的刻写也遵循着一定的格式，在一片甲骨上，卜辞是由外到里、自上而下刻写的。当一行写不完时，在骨板边缘折向里再起一行刻写。一条完整的卜辞，可分为"前辞""命辞""占辞""验辞"4个部分。"前辞"，也叫"叙辞"，记占卜的时间和人名；"命辞"，指所要占卜的事项；"占辞"，记兆纹所示的占卜结果；"验辞"，记事后应验的情况。如《甲骨文合集》6412载："辛巳卜，争贞：今者王共人呼，妇好伐土方，受有佑，五月。"意为："辛巳这天问卜，贞人争卜问：今年征集兵士召唤，妇好去征伐土方，会受到上天的护佑吗？时在五月。"

由于使用刻刀在甲骨上镂刻文字实属不易，故文字需要尽可能地简约。目前，在出土的15万片殷墟甲骨中，共有单字4500多个，其中能够释读的约占三分之一。语言学家认为，甲骨文已经是一种成熟的文字系统，象形、指事、会意、形声、转注、假借等六种构字法在甲骨文中均有反映。

殷墟甲骨文的内容十分丰富，反映殷商社会生活的各个方面，故甲骨文又有商代宫廷档案之说。考古发掘中，一次出土殷商甲骨最多的是YH127甲骨窖穴。"Y"是"殷"的拼音首字母，"H"是英语hole（坑）的首字母，"YH127"即殷墟127号灰坑（垃圾坑）。在这个灰坑中，一次出土甲骨17096片，堪称殷商时期的一个档案库。

在甲骨卜辞中，有关日食、月食、风雨雷电和星象的记录很多，如《甲骨文合集》33699载："庚辰贞，日有食，告于河。"这是商人观察到的日食记录。他们还记录了鸟星、大星、大岁（即木星）、大火（即火星）等星宿，商代的历法中已经有了大月、小月、闰月。

《甲骨文合集》30025载："唯龟至，有大雨。"龟，就是乌龟。

小屯南地甲骨

殷墟 YH127 甲骨坑发现地

刻写于牛肩胛骨的甲骨文字　　　　整版龟甲刻写的甲骨文字

甲骨文字拓片

天干	十	乀	内	口	千	己	帝	平	工	癸
	甲	乙	丙	丁	戊	己	庚	辛	壬	癸
事物										
	虎	马	鹿	牛	兕	羊	象	鱼	鹏	蚕
物										
	雷	雨	水	虹	日	月	夕	车	土	王
行为										
	并	闻	伐	获	降	射	身	渔	坠	易

甲骨文今文对照表

这条甲骨卜辞说，龟出来活动时，就会下大雨。这条世界上最早的"天气预报"，充分说明了商代的人们善于观察天气与物候变化之间的关系。

商代医生已经有了丰富的关于人体疾病、治疗和药物的知识，还能用针刺、火灸、按摩等多种方法来治疗疾病。甲骨文"𤕫"（疾）字，形似一个人躺在床上冒汗。胡厚宣在甲骨文字研究中，找到了关于头病、眼病、耳病、牙病、舌病、腹病、足病等记载。商代人已经认识"龋齿"这种牙疾，比西方医学要早700多年。当时的人们认为，"龋"就是虫子在"吃"牙齿，所以甲骨文"𪘁"（龋）字，就用牙齿上面有一只"虫子"来表示。在殷墟出土的文物中，考古工作者还发现了针灸用的骨针，以及类似今天手术刀的原始工具。可见早在3300多年前，商代人已经初步掌握了许多医学知识，有些方面甚至超乎现代人的想象。

三、瑰丽堂皇青铜器

中国青铜文化源远流长，具有浓厚的民族特色和艺术风格。商代青铜器是中国古代青铜器发展史上的高峰，不仅在中国古代文明史上占有重要地位，也证明了中国是世界文明古国中最早进入青铜时代的国家之一。

商代先民已经掌握了找矿、开采和青铜冶炼技术。科学研究发现，殷墟青铜器中所含的锡和铅，均是人工有意加入的。这反映了商代冶炼业取得了两大重要的成就：一是商人已掌握了从矿石中冶炼铜、锡、铅等金属的技术；二是商人已掌握了铜、锡、铅的合金性能，能根据不同器物的需要进行配料，铸造铜、锡二元合金和

世界青铜器之冠后母戊鼎（源自"安阳论坛"）

铜、锡、铅三元合金。与西亚、古埃及相比，殷商青铜器的铅含量高，而砷含量较少，这充分说明殷商青铜冶铸技术是独立发展起来的。发达的殷商青铜冶铸技术，反映了当时先进的科学技术和较高的生产力水平。

目前，在殷墟发现的商代铸铜作坊遗址共有4处，大多规模宏大，其中最大的一处在1万平方米以上。晚商的青铜铸造业主要由王室贵族控制，故作为王都的殷地是当时全国青铜铸造业的中心，集中了众多的大型青铜作坊。

在殷墟考古发掘中，发现了种类繁多的大量商代青铜器，有礼器、酒器、武器、工具、用具、艺术品、杂器等。仅妇好墓出土的青铜器就有460余件，其中汽柱甑形器，中空透底，顶部又有小孔，使用时可放置在鬲上，利用上升的蒸气蒸熟食物，被学者们称为"中国最早的汽锅"。出土于殷墟王陵区武官村的后母戊大方鼎，通高133厘米，重832.84公斤，是迄今发现的最大青铜鼎，被誉为

青铜觚

青铜兵器

殷墟出土的青铜器

"世界青铜鼎之冠"。

殷墟出土的青铜器不仅种类繁多，数量庞大，其铸造工艺、形制、纹饰等均具有独特的风格。以青铜纹饰为例，殷墟青铜器的纹饰多数为神话性的动物纹，有饕餮、夔、龙、凤等；少数是写实性的动物纹，有虎头、牛头、鹿头、蛇、鳄、鸟、鱼、龟、蝉等。殷墟青铜纹饰，美观壮穆，异常繁复，极富神秘色彩。繁缛与神秘，反映了殷墟青铜艺术的突出特点，彰显了先民们的智慧、宗教意识和审美情趣。殷墟青铜器可谓是精美瑰丽的艺术珍品，不仅是中国美术史上的璀璨明珠，在世界美术史上也占有重要地位。2006年人民美术出版社编印的《中国美术全集》，收录中国国家博物馆和安阳等地珍藏的殷墟青铜器40余件。

在殷墟青铜器上，有的还铸刻有铭文，称为"金文"或"钟鼎文"。它们和甲骨文一样，对于研究商代历史、文化和艺术都有重要意义。

四、殷商的社会生活

安阳殷墟不仅是商代晚期长期稳定的都城和政治中心，也是经济文化和社会生活的中心。殷墟一带的农业、畜牧业、手工业发达，商品交换活跃，推动了商代天文学、数学、历法等相关科学技术的发展。

商代已有比较发达的农业。在殷墟甲骨文中，已有禾、黍、麦等文字。殷墟范围内，出土有不少农业生产工具。在殷墟宫殿区内的一个王室贵族的窖藏墓穴里，发现了集中堆放的400多把有使用痕迹的石镰刀。在安阳大司空村、苗圃，还出土有青铜铲。在殷墟，还发现有大量贮藏粮食的窖穴。这些都说明殷墟所在的地区是商王朝的一个农业中心。

殷墟一带的畜牧业也很发达。在考古发掘中，出土有大量的牛、羊、马、猪、犬等家畜的遗骸。当时的人们饲养家畜的目的，除了用于食用和祭祀外，还在于提供帮助人们劳作的畜力。

殷墟一带最为普及的手工业是制陶业。殷人的制陶技术臻于完善，能生产大量外形美观、坚实耐用的印纹硬陶、刻纹白陶，它们造型美观，刻镂精细，是中国陶瓷史上的杰出代表。从殷墟出土的文物可知，当时的制骨、玉雕、牙雕、纺织、酿酒等技术，都已达到很高的水平。这说明商朝后期，殷都城内聚集了大批掌握先进生产技艺的各色工匠，他们的辛苦劳动，创造出灿烂的殷商文明。

农业、畜牧业、手工业的充分发展，为当时的商品交换提供了基本条件。《尚书·酒诰》载："肇牵车牛，远服贾。"疏注称："农

青铜铸造制模场景

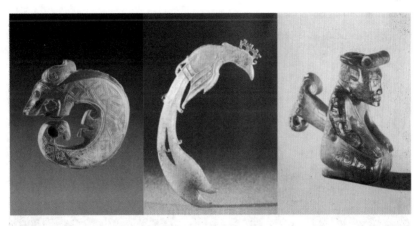

殷墟出土玉器

功既毕，始牵车牛载其所有，
求易所无，远行买卖。"^①甲
骨文中，出现了"🚗"（车）、
"夕"（舟）等文字，从一个侧
面印证了商业贸易的肇始。

　　在殷墟墓葬中，多殉葬
有大量的殉贝，如妇好墓中，
出土有海贝近7000枚。大司
空村发掘的165座殷墓中，
83座有殉贝，其中两座墓内
还出现了铜贝。殷墟西区发

殷墟出土"亚长牛尊"

掘的342座墓葬中，出现有殉贝。这些殉贝多产于东海之滨，无疑
是商业贸易中作为货币交换使用的。在甲骨文中有"🐚"（贝）字，
殷墟彝器金文中，还出现了"屮"（市）字。这些都反映了殷商时

---

　　① ［清］阮元校刻：《十三经注疏》，中华书局1980年版，第206页。

殷墟妇好墓

殷墟车马坑遗址一隅

期商品交换的事实，也说明了商代都城还是当时全国的商业中心。

农业、畜牧业、手工业、商业的发展，也推动了天文学、数学、历法等相关科学技术的发展。在殷墟甲骨文中，有很详细的天象记录。卜辞中关于日食、月食和星辰的记载，是世界上最早的天文学资料。殷人对气候变化的认识则更为丰富。卜辞中，有很多祈求雨晴的记录。在数学上，殷人已经普遍采用十进制，这在世界数学史上居领先地位。商代已有了相当完备的历法，人们知道一年分四季12个月，月分大小，还知道有闰月，即《尚书·尧典》所载的"以闰月定四时成岁"。殷人还采用干支纪日的六十进制，这是世界上最早的日历。

五、中国考古学摇篮

从1928年10月至1937年抗日战争的全面爆发，当时的中央研究院历史语言研究所考古组共对殷墟进行了15次考古发掘。2012年，李学勤在接受《文明》杂志安阳特刊采访时说："商代是中国古代文明的成年时代。中国的文明，在商代走向成熟。殷墟不但是中国最早的系统发掘的一个遗址，中国的考古学术队伍也是从这里起始培养出来的，不仅是考古学者，甚至当时的技工也是从安阳开始出现的，然后从这里推广出去。"[①]

（一）殷墟科学考古

20世纪初的中国史坛，疑古之风盛行一时。不要说中华5000年的文明史，就连历史文献记载的夏、商、周三代是否真实存在

① 《文明》杂志记者立山：《安阳，中华文明在这里成年——李学勤先生访谈》，《文明》（2012年安阳特刊），第9页。

过，也有人持怀疑态度。西方学者更是提出了中华文明"西来说"。这就不难理解，为什么前中央研究院一经成立，所做的第一件事就是前往殷墟考古发掘。当时的历史语言研究所所长傅斯年，委派董作宾先行到河南安阳调查，以摸清小屯村周围甲骨埋藏的基本情况。

1928年10月，中华民国中央研究院历史语言研究所在广州成立。建所伊始，就在董作宾到安阳调查了解的基础上开展殷墟考古发掘工作。殷墟首次有组织、有计划地科学发掘，正式拉开了中国考古学的大幕，有力地遏制了当时私人盗采乱掘甲骨的现象，大大缓解了殷墟甲骨外流问题，有效地保护了祖国的文物。

1928年10月13日，这一天对于安阳、中国考古学界、中国历史学界来说，都是一个值得大书特书的日子。由中国人自己主持的殷墟近代科学考古开挖了第一锹。由董作宾等人主持的殷墟首次考古发掘，一共进行了17天，至10月30日正式结束。考古人员选择了三个发掘地点：两处在小屯村东北洹河西岸的农田里，另一处在小屯村中。第一次发掘就获得有字甲骨800余片，其中500余片是龟甲，还发掘出1000多片无字甲骨和一大批玉器、青铜器、骨器、陶器、石器等。殷墟首次考古发掘揭开了殷人社会生活的神秘面纱，预示着将有一系列重大的考古发现，极大地鼓舞了年轻的中国考古工作者。

仅仅间隔了一个月，美国哈佛大学人类学博士李济加盟前中央研究院历史语言研究所，并任考古组组长。当他第一次看到董作宾所写的发掘报告时，就断定小屯村周围是商代的最后一个都城。李济后来主持了殷墟第二次至第四次、第六次至第七次考古发掘。从1928年进入中央研究院历史语言研究所，在其后的50余年里，李济与殷墟考古和研究结下了不解之缘。主持殷墟第十次至第十四次

1928 年 10 月殷墟第一次考古发掘

考古发掘的是梁思永先生。梁思永是近代国学大师梁启超先生的次子，1930 年从美国哈佛大学考古学专业毕业后加盟中央研究院历史语言研究所考古组。

殷墟的 15 次发掘，共出土甲骨 24918 片，青铜器数以万计，以及大量的祭祀、生活用品和劳动工具。先后有 40 多位著名的考古学者参加了发掘工作，他们成为中国田野科学考古的奠基者。历

1929 年殷墟第二次考古发掘

董作宾（右一）在安阳

1935年殷墟第十一次发掘期间，傅斯年（左一）、伯希和、梁思永在侯家庄大墓工地

1936年殷墟YH127甲骨窖穴出土后整体装箱运往南京

时 10 年的殷墟发掘工作向世界宣布：安阳殷墟是商代晚期一个长期稳定的都城，共有八代十二王在此建都，直至商代灭亡。

甲骨文的发现和研究，把中国的"信史"提前到距今 3300 多年。新中国成立后，1950 年即恢复了殷墟考古工作。1961 年，安阳殷墟被国务院公布为第一批全国重点文物保护单位，并划定了 24 平方公里的重点保护区和一般保护区。目前，殷墟保护区面积已扩大到 36 平方公里。

90 多年来的殷墟考古发掘，发现了大量的各类宫殿、聚落、墓葬和生产、生活遗迹，出土了数以万计的各类文物，使人们对殷商时代的自然环境、政治、经济、军事、文化、社会生活等各方面有了具体而全面的了解。学术界在利用殷墟考古发掘资料进行古代史研究方面，也取得了重要成果。

2018 年 10 月 14 日，在安阳召开了"殷墟科学发掘 90 周年纪念大会"，来自国内外的 150 多位专家学者济济一堂，共同纪念 90 年前世界文明史上的这一盛事。90 年前开始的殷墟科学发掘，是中国考古学术机构第一次独立进行的大遗址考古发掘，标志着中国近代考古学的兴起，在中国文化史、学术史上具有划时代的重要意义。

（二）董作宾和李济

翻开中国现代考古学史册，在 20 世纪初的安阳殷墟考古发掘工作中，出现过众多大师的身影：董作宾、李济、梁思永、郭宝钧、高去寻、吴金鼎、石璋如、尹达、夏鼐、胡厚宣……其中，董作宾和李济与殷墟考古和古城安阳的关系尤为密切，可谓与安阳结下了不解之缘。

董作宾是殷墟早期考古发掘的主持者、参与者。1917 年春，在开封读书的青年董作宾初步接触到甲骨文，从此与甲骨文结缘。

1923年，董作宾考入北京大学研习甲骨文。1928年至1934年，受中央研究院历史语言研究所委派，董作宾曾先后8次主持或参与殷墟考古发掘。

据李济《安阳》一书记述，董作宾在第一次去殷墟之前，对那里的情况进行过一次非正式的私人摸底。1928年8月12日，董作宾来到安阳后，首先拜访了本地的一些绅士，其中包括彰德中学校长和几个古玩店的老板，尤其是不认识甲骨文而以伪造甲骨文出名的蓝葆光。通过座谈，他获得了有关殷墟甲骨文的大量准确信息。第二天，在一位当地向导的陪同下，董作宾亲赴小屯村查访。在小

1932年董作宾在安阳桥畔

董作宾在殷墟考古发掘现场

1951 年董作宾与家人在台北合影

屯村，许多村民给他看欲出售的小块有字甲骨，他用 3 个银元购买了 100 多片。1928 年 10 月，董作宾领导考古组进行了试掘，通常被称为安阳殷墟的第一次科学发掘。

在安阳，董作宾曾遍访城里的古玩店，试图打探殷墟出土文物的蛛丝马迹，为殷墟发掘工作提供参考。位于安阳老城东钟楼巷的尊古斋，是他经常去的地方。在安阳生活工作期间，民国《续安阳县志》正在编纂，董作宾受邀担任这部志书的"纂修"，在董作宾的组织领导下，《续安阳县志》于1933年春面世。1935年农历端午节前夕，始建于明代初年的安阳鼓楼失火焚毁，鼓楼图书馆珍藏的许多善本图书付之一炬。据位于南京的中国第二历史档案馆馆藏民国档案记载，国立中央研究院历史语言研究所在1936年8月20日，曾与河南省第三区专员公署接洽，向"安阳鼓楼图书馆复兴委员会"捐助建筑费1000银元。第二年，由于抗日战争全面爆发，安阳鼓楼图书馆复兴计划便被长期搁置下来。

由于侯家庄、小屯一带的考古发掘现场距离安阳城较远，董作宾和考古组的同仁们经常食宿在村里。当时物资匮乏，生活条件艰苦，他们经常风餐露宿，有时十天半月才能乘上畜力车，回到设在城里西冠带巷26号的考古组办公地点稍事休整，改善一下伙食。董作宾与安阳殷墟、安阳老城结下了深厚的情缘，直到晚年，他还经常回忆起在安阳工作和生活的经历。

李济（1896—1979年），字济之，湖北钟祥人，人类学家、考古学家，中国现代考古学之父。1918年清华学堂留美预备班毕业后留美，获哈佛大学人类学博士。1923年，李济返回祖国，任南开大学教授。两年后，29岁的李济任清华大学国学研究院特约讲师，与梁启超、王国维、陈寅恪、赵元任等前辈同执教鞭。1928年，李济出任傅斯年担任所长的中央研究院历史语言研究所考古组主任，领导并参加了安阳殷墟田野考古发掘，使中国考古发掘走上了科学轨道，获得了世界学术界的极大重视。1948年，李济被推选为中央研究院院士，任历史语言研究所所长。

李济在安阳从事考古工作前后长达9年，他人生最辉煌的时光是在安阳殷墟。1928年至1937年，他主持了震惊世界的安阳殷墟发掘，使商史由传说变为"信史"，将中国的"信史"向前推进了

李济

数百年。我们关于殷商的许多知识，在很大程度上是李济提供的。他领导的安阳殷墟考古发掘，对 20 世纪下半叶中国考古学的发展起到了决定性的影响，包括中国社会科学院考古研究所所长夏鼐、台湾"中央研究院"历史语言研究所所长高去寻在内的中国现代考古学领军人物，都是在安阳接受的考古学训练。直至今日，殷墟考古工作依旧被视为人类文明史上最重要的发掘之一。

李济在台湾生活的 30 年间，致力于殷墟陶器、青铜器的研究。晚年的李济，虽身不能回大陆，但他依然魂牵梦萦着安阳这片土地。宝岛台湾与安阳殷墟天各一方，李济只能隔海远眺大陆，梦回殷墟。他说："在我闭上眼睛以前，还打算写一本书。"① 这本书就是他晚年最重要的学术著作《安阳》。

《安阳》是一部通俗易懂，论述和史料兼备的学术著作，意在向国内外宣传介绍现代中国考古学产生和发展的状况。本书用英语写就，1977 年由华盛顿大学出版社（University of Washington Press）出版。本书的中文译本 1989 年首次在中国大陆出版。目前，比较常见的版本有上海人民出版社 2007 年版、商务印书馆 2011 年版。全书共 15 章，作者以亲身的经历，对安阳殷墟历次田野发掘

① 李济：《安阳》，商务印书馆 2011 年版，第 276 页。

的目标和工作重点，以及采用方法的改进乃至整个考古组的历程作了清晰的介绍，对安阳殷墟 15 次发掘的收获和研究成果作了概要性的回顾和总结。

李济长子李光谟称："李济先生为开拓建立现代中国考古学筚路蓝缕，尽心竭力，其夙愿为增进国人及世人对中国历史之正确认识，提高中国考古学之水平及世界地位。"①

李济著《安阳》书影（商务印书馆 2011 年版）

---

① 李济：《安阳》，商务印书馆 2011 年版，第 274 页。

第三章

周秦两汉时期的殷邺

　　"安阳"之名，蕴含安定祥和、阳光兴旺之意。溯其渊源，"安阳"最早见于《史记·廉颇蔺相如列传》所载赵国名将廉颇攻打魏国之役，攻陷了防陵、安阳城邑。春秋战国时期，地处中原腹地的殷邺一带群雄争霸。齐桓公筑邺城、西门豹治邺、六国会盟、信陵君窃符救赵、项羽破釜沉舟渡漳河……雄浑激昂的史诗画卷在这里延展。商周鼎革之际，囚禁于安阳南部羑里城的周文王，推演出被后世尊为"五经之首"的《周易》。

一、周文王羑里演易

　　羑里城位于安阳市汤阴县的北部，有"中国第一座国家监狱"之称。商代末年，纣王将西伯姬昌囚禁于此，"西伯拘而演《周易》"[①]。姬昌在这里仰观天文，俯察地理，推演伏羲八卦为六十四卦，成就了《周易》这部巨著，被后世尊奉为儒家经典。

---

　　① [汉] 班固：《汉书》，卷六十二，《司马迁传》。

汤阴羑里城

相传，上古伏羲时，有龙马负图自河而出，谓之"河图"。伏羲依据"河图"，上观天象，下察地理，中究人事，画出八卦，象征天、地、雷、风、水、火、山、泽等八种自然现象。这便是原始的易卦，俗称"伏羲八卦"。在殷墟出土的一些石器、陶器和甲骨上，均发现有这种卦象符号，说明在殷商时期就已经出现了原始的八卦。

殷商末年，纣王无道，不仅将忠臣比干剖腹挖心，还把西伯姬昌囚禁于羑里。西伯姬昌是商朝西方周国的首领，周武王继位后被尊为"文王"。在囚禁姬昌的羑里，纣王企图磨灭他的意志，把姬昌的长子伯邑考烹为肉羹让他吃下。姬昌进食后，偷偷将食物吐出来埋掉。今天，在羑里城的演易台下，有一个"吐儿冢"，又称"伯邑考之墓"。姬昌进食伯邑考的肉羹，让纣王放松了对他的警惕。姬昌虽身陷囹圄，却在逆境中进取，他利用被囚禁的七年时间，对易卦进行了深入研究，将伏羲八卦推演成六十四卦和三百八十六爻，成就了被后人奉为经典的鸿篇巨制《周易》。

《周易》每卦均有卦辞，每爻也都有爻辞，后人又对卦辞和爻

周文王塑像（王计亮摄）

演易坊

辞作了进一步的解释，最后汇成 10 篇文章，称为"十翼"，这便是《易传》。后世的《周易》包括《易经》和《易传》两部分。

伏羲八卦

从形式上看，《周易》是占卜之书，实际上它是一部博大精深的哲学著作。《周易》虽然是在占筮中产生的，但通过天、地、雷、风、水、火、山、泽等八种自然现象，用八卦的形式，推演大自然和人类社会的变化。认为阴、阳两种对立事物的相互作用，是产生世上万物的根本。提出了"刚柔相推，变在其中"（《周易·系辞下》）、"无平不陂，无往不复"（《周易·泰》）的哲学观点。因此，《周易》具有一定的朴素的辩证法思想。古人除用《周易》学说解释自然现象和社会现象外，还把它应用到医学、军事等领域，《周易》在中国人的社会生活中起到了重要作用。

《周易》也引起了西方学者的兴趣，几百年来，它在欧美国家广为传播。德国著名数学家莱布尼兹，惊奇地发现《周易》的六十四卦和他发明的"二元算术"理论完全一致。大哲学家黑格尔也说，他的"正反合一"的辩证逻辑定律是受中国《易经》的启发而完成的。大科学家爱因斯坦盛赞《周易》的惊人成就。英国物理学家玻尔，在看到根据《周易》绘成的阴阳鱼太极图时大为惊讶，认为太极图是他的思想最恰当的表述。

《易经》文化博大精深，蕴涵着广泛的科学原理。就数学而言，它不仅包括了二进制、十进制，还包括勾股定理、黄金分割、排列组合及现代计算机的原理。在物理学方面，相对论、原子学说、电子理论、夸克理论等，也都与《周易》有密切关系。生理学、天文学的一些现象也与《周易》中的卦爻结构相契合。

《周易》吸引了世界上第一流的思想家、哲学家、史学家和各学科的科学家，他们从不同角度、不同领域、不同层次，对《周易》进行了研究和探索，取得了巨大成就。据统计，20 世纪 60 年代以来，世界 14 项重大科技成果，就有 12 项与《周易》的理论相关，如诺贝尔奖的获得者、美籍华人杨振宁、李政道，受《易经》阴阳消长原理启发，推翻了传统的"宇宙守恒定律"。当前，《周易》研究热在中国和世界各地仍长盛不衰。

《周易》被誉为群经之首、大道之源，是中华文化的哲学元典和中华文明的源头活水，安阳羑里城以其独一无二的地理属性成为东方哲学、中华文化的寻根溯源之地。1996 年羑里城被国务院

第十八届周易与现代化国际讨论会

公布为全国重点文物保护单位，2005 年被评定为 4A 级旅游景区，2018 年被中台办、国台办命名为海峡两岸交流基地。截至 2021 年底，安阳已连续举办了 7 届海峡两岸周易文化论坛、29 届周易与现代化国际研讨会。目前，周易文化产业园正在建设，随着中华优秀传统文化的复兴，周易文化必将迎来更加光辉灿烂的未来。

二、邶风的千年吟唱

《诗经》是中国最早的一部诗歌总集，记录了从西周到春秋时期的 305 篇古代诗歌，它由《风》《雅》《颂》三部分组成。《风》又称《国风》，按地域分为《周南》《召南》《邶风》《卫风》等 15 篇。其中，《邶风》诞生于汤阴县境内东南的瓦岗乡邶城村一带及附近的地方，由《柏舟》《绿衣》《燕燕》《日月》《终风》《击鼓》《凯风》《雄雉》《匏有苦叶》《谷风》《式微》《旄丘》《简兮》《泉水》《北门》《北风》《静女》《新台》《二子乘舟》等 19 首诗歌组成。

邶城蕞尔一村，却有着 3000 多年的历史。商周之际，周武王发动"牧野之战"，打败了殷纣王的军队，商朝灭亡。周武王举行了盛大的祭祀典礼，宣告周人继承了殷商天命，西周王朝从此建立。为巩固天下初定的周王朝，有效控制商朝统治的中心地区，周武王采取"以商治商"的策略，将原来的殷商王朝京畿之地分封为邶国、鄘国、卫国三个方国，其中邶国是纣王之子武庚的封国。清乾隆三年（1738 年）《汤阴县志》卷一《地理志·古迹》载："邶城在县东三十里，武王封纣子武庚地。今遗址尚存。"

邶、鄘、卫三国是山水相连的周初方国，地处古黄河围合的河内之地，在今天豫北的安阳、鹤壁、卫辉一带。商周之际的邶城附近，淇河、汤河潺潺流过，林木郁郁葱葱，气候温润，土地肥沃。春天的田野里，农夫们在辛勤地劳作，青年男女表露出淳朴的爱慕之情，采诗官手摇"木铎"采集民间诗歌。《诗经》中的《邶风》，即产生、流传、采集于古老的邶国大地，而至今仍然荡人心弦的诗篇。以下精选几篇《邶风》中的诗歌，与读者共飨。

燕　燕

燕燕于飞，差池其羽。之子于归，远送于野。瞻望弗及，泣涕如雨。
燕燕于飞，颉之颃之。之子于归，远于将之。瞻望弗及，伫立以泣。
燕燕于飞，下上其音。之子于归，远送于南。瞻望弗及，实劳我心。
仲氏任只，其心塞渊。终温且惠，淑慎其身。先君之思，以勖寡人。

释义：对对燕儿翩翩飞，前前后后紧跟随。年轻姑娘要出嫁，远送郊外满眼泪。遥望不能再见面，泪飞如雨心破碎。对对燕儿翩翩飞，上下翻飞影相随。年轻姑娘要出嫁，远远相送天地配。遥望不能再见面，伫立良久泪珠垂。对对燕儿翩翩飞，上下翻飞叫声悲。年轻姑娘要出嫁，远远相送城南围。遥望不能再见面，柔肠寸断心疲惫。二妹重情又有义，心地慈厚见识深。天性温柔又贤惠，端庄谨慎善修身。先父之德牢记心，劝勉寡人要赤忱。

终　风

终风且暴，顾我则笑。谑浪笑敖，中心是悼。
终风且霾，惠然肯来。莫往莫来，悠悠我思。
终风且曀，不日有曀。寤言不寐，愿言则嚏。
曀曀其阴，虺虺其雷。寤言不寐，愿言则怀。

释义：整天刮风又狂暴，看见了我就好笑。戏谑狂浪又讪笑，我的心中是伤悼。整天刮风又扬土，惠爱哪样肯光顾。如果不去不来问，老是令我把他想。整天刮风又阴沉，不定哪天有天阴。卧时醒着不能睡，愿他想我打喷嚏。黑沉沉是天阴，豁轰轰是天打雷。卧着不能入睡，愿他对我长怀想。

凯 风

凯风自南，吹彼棘心。棘心夭夭，母氏劬劳。

凯风自南，吹彼棘薪。母氏圣善，我无令人。

爰有寒泉？在浚之下。有子七人，母氏劳苦。

睍睆黄鸟，载好其音。有子七人，莫慰母心。

释义：南风轻轻地吹拂，吹开了邶城郊外酸枣树的花蕾。花儿绚烂绽放，年迈的母亲还在田地里辛勤劳作。南风吹动酸枣树的枝干，母亲在呵护着她年少的孩子。发源于浚邑的寒泉水汩汩流淌，浇灌着干涸的土地。为了嗷嗷待哺的孩子能吃饱饭，母亲在常年劳作。田野里飞来了几只黄鹂鸟，婉转地鸣叫着。尚未成年的孩子啊，何时才能为母亲分担忧劳。

匏有苦叶

匏有苦叶，济有深涉。深则厉，浅则揭。

有瀰济盈，有鷕雉鸣。济盈不濡轨，雉鸣求其牡。

雝雝鸣雁，旭日始旦。士如归妻，迨冰未泮。

招招舟子，人涉卬否。不涉卬否，卬须我友。

释义：葫芦已成叶已枯，济水深处有渡口。深就垂衣慢慢过，浅就提裙快快走。茫茫济水涨得满，岸边野雉叫得欢。水涨不浸一车轴，野雉求偶叫声传。大雁声声鸣雍雍，天刚破晓露晨曦。男子如果要娶妻，趁河未冻早结缡。船夫挥手上舟排，别人渡河我等待。别人渡河我等待，静静等我恋人来。

式　微

式微，式微，胡不归？微君之故，胡为乎中露！
式微，式微，胡不归？微君之躬，胡为乎泥中！

释义： 天黑了，天黑了，为何还不能回家？倘若不是为君主，哪会还在露水中！天黑了，天黑了，为何还不能回家？倘若不是为君主，哪会还在泥浆中！

北　风

北风其凉，雨雪其雱。惠而好我，携手同行。其虚其邪？既亟只且！
北风其喈，雨雪其霏。惠而好我，携手同归。其虚其邪？既亟只且！
莫赤匪狐，莫黑匪乌。惠而好我，携手同车。其虚其邪？既亟只且！

释义： 北风飕飕猛吹来，大雪纷纷满天飘。我们俩是好朋友，挽起手来向前跑。怎能舒缓又犹豫？事情急迫快出逃。北风呼呼透骨凉，大雪飘飘白茫茫。我们俩是好朋友，挽手回归在路上。怎能舒缓又犹豫？事情急迫快逃亡！没有狐狸色不红，没有乌鸦毛不黑。我们俩是好朋友，挽起手来同车归。怎能舒缓又犹豫？事急逃出快如飞。

静　女

静女其姝，俟我于城隅。爱而不见，骚首踟蹰。

静女其娈，贻我彤管。彤管有炜，说怿女美。

自牧归荑，洵美且异。匪女之为美，美人之贻。

释义：姑娘娴静又漂亮，约我在那城楼上。我爱她却看不见，手抓头皮心紧张。姑娘娴静又美丽，送我红彤管一支。红色管子多光鲜，女子美貌更喜欢。野归白茅相赠予，实在漂亮又珍奇。白茅不是多珍奇，而是美人送给你。

新　台

新台有泚，河水弥弥。燕婉之求，蘧篨不鲜。

新台有洒，河水浼浼。燕婉之求，蘧篨不殄。

鱼网之设，鸿则离之。燕婉之求，得此戚施。

释义：新台照水倒影明，河水涨得与岸平。求得安顺夫婿好，嫁个蛤蟆不像人。新台靠水造得高，河水涨满浪滔滔。求得安顺夫婿好，嫁个蛤蟆不得了。渔网设备为捕鱼，蛤蟆入网空怜渠。求得安顺夫婿好，得这蛤蟆怎么了。

三、齐桓公初筑邺城

春秋战国时期是中国历史上大动荡大变革时期，延续上千年的奴隶制社会开始分化瓦解，集权专制社会逐步形成并初步发展。这一时期，洹漳流域虽然失去了国都的地位，但由于全国的政治、经济重心仍然在北方的黄河流域，其政治、军事、经济地位依然十分重要。这一时期洹漳流域先后兴起了两座重要城市，一个是邺城，一个是安阳。

春秋时期，王室衰微，诸侯不再按时朝觐纳贡，各诸侯国也发生了分化，齐、晋、秦等诸侯国经过变革逐渐强大起来，诸侯争霸战争频繁。中原政局动荡，周边少数民族开始觊觎中原。戎狄南下，楚人北上，成为中原诸国的最大威胁。

齐桓公像

在政治家管仲的辅佐下，齐桓公打起"尊王攘夷"的旗帜，成为春秋第一霸主。齐国联合宋国，援助卫国打退了狄人的进攻，帮助卫文公重新立国。齐国占据了殷都故地，洹漳流域始归齐国统治。

为抵御狄人，巩固霸业，公元前 7 世纪中叶，齐桓公在漳河之滨修筑了邺城。《管子·小匡》载："筑五鹿、中牟、邺、盖与、社丘，以卫诸夏之地，所以示劝于中国也。"齐桓公修筑邺城的目的，一是为了"卫诸夏之地"，即保护中原地区的华夏诸国，二是为了"示劝于中国"，即表明殷邺旧地对于王畿的重要性。齐桓公所筑的邺城位于今安阳县东北、河北临漳县城西南，距安阳市区 18 公里。

晋文公称霸后，邺城一带归属了晋国。战国初年，韩、赵、魏三家分晋。邺地属魏，并置县管理，西门豹曾任邺县令。魏国是战国初年的中原第一强国，为了与诸夏争霸，魏文侯一度定都于邺，

春秋时期诸国
疆域形势简图

虽为时较短，但可视为邺都最初的兴起。魏文侯以邺城为其政治中心经营东方。

东汉末年，邺城为曹操所扩建，并作为魏王国的都城。十六国和北朝时期，邺城又先后成为后赵、冉魏、前燕、东魏、北齐的都城。北周静帝大象二年（580年），邺城被焚，官民南迁40里，迁徙之地即为今天的相州安阳城。隋唐以后，多称安阳为"邺中""邺下""邺都"。

邺地的大致范围为今天的安阳县、临漳县和磁县所辖地区，这里原为殷都旧地。虽然如今在行政区划上分属河南、河北两省，但在历史上却为密不可分的统一整体。安阳与临漳山同脉，水同源，人同根，治同所，两地文化、地缘交织重合，殷邺实为一体。

两地同属洹漳流域，盘庚迁殷后，均属殷都京畿要地，时间长达两个半世纪。西周时，两地均属卫国。春秋战国时，又先后属于齐、晋和魏。秦以后，始在两地设立行政建制，或县或州或郡，治所非在安阳，便在邺城，交互为首。殷与邺有着相互继承、前后衔接、难以分割的关系，可谓"殷都废而邺城兴，邺城毁而安阳继"①。

研究古都的历史，不能因为现在的行政区划，而将殷邺两地人为地分割开来。20 世纪 80 年代，著名学者谭其骧先生指出："商代的殷和六朝的邺，就像西周丰镐、秦咸阳、汉唐长安一样，应视为同一个古都。"② 史念海、邹逸麟、于希贤、葛剑雄、朱士光等古都文化学者均持类似观点。

四、漳河投巫驱阴霾

西门豹治邺的故事，由于选入了大多数版本的小学语文课本，故深为人知。西门豹破除"河伯娶妇"的祸害，开凿引漳十二渠，使邺地成为魏国境内社会经济比较发达的地区。西门豹治邺，促进了魏国的强大，使魏国成为战国初期最为强大的国家，奠定了后世邺成为六朝古都的经济基础。

战国初年，群雄逐鹿。魏文侯七年（前 439 年），魏国攻取了邺城。由于邺城扼守南北要冲，为了将其建设成为太行山东麓的军事重镇，魏文侯任命西门豹为令治邺。彼时的邺城，为魏国的陪都。20 世纪 80 年代，历史地理学家邹逸麟认为："公元前 7 世纪春秋齐桓公时，在安阳北 20 公里处建邺城。至前 5 世纪战国初，魏文侯曾一度都此，虽为时甚短，但可视为邺都的最初兴起。"③ 这便把邺城第一次作都的时间，上溯到了战国初期。

① 安民口述，王若虹整理：《古城保护复兴正当时》，《安阳日报》2019 年 10 月 10 日。

② 陈桥驿主编：《中国七大古都》，中国青年出版社 1991 年版，第 2 页。

③ 陈桥驿主编：《中国七大古都》，中国青年出版社 1991 年版，第 119 页。

西门豹为邺令期间，为稳定社会秩序和发展邺地经济做了两件大事。一是破除"河伯娶妇"的祸害。邺城地处漳河从太行山进入华北平原的地带，因河道突然变缓，河水常易泛滥成灾。地方上的乡官和巫觋相互勾结，谎称得为河伯（河神）娶妇，才能使漳河安澜无患。每年都要向当地人民勒索数百万钱，其中只用二三十万用于"河伯娶妇"的闹剧，其余钱财由乡官和巫觋中饱私囊。他们从民间挑选一位年轻女子，

西门豹漳河投巫

作为"河伯"的新妇。众人将女子一番乔装打扮，在漳河岸边举行所谓的"婚礼"仪式后，便将女子投入河中。这种残忍的陋习给邺地带来了严重的祸害，当地人民不仅在经济上为暴敛所虐，年轻女子的生命也受到威胁。故居民多携女逃亡，致使邺城人口锐减，田地荒芜。西门豹到任后，在一次"河伯娶妇"的仪式上，以向"河伯"报信为由，将大小巫觋投入河中，邺地吏民大为震恐，从此无敢再言为"河伯"娶妇者。西门豹革除"河伯娶妇"这一害人陋习，安定了当地的民心。

西门豹为邺地所做的另一件大事是发动民众开凿引漳十二渠，灌溉邺地农田。漳河发源于山西的黄土高原，含沙量较高，河水奔腾出山后，形成山前冲积扇。冲积扇东部，地势平坦，漳河至此经常泛滥，造成土壤沙碱化。西门豹利用漳河含沙量高的特点，设多

安阳县安丰乡境内西门大夫祠历代碑记

处渠口引水灌溉，不仅满足了农作物的用水需求，还利用泥沙中的有机质起到淤田增肥的效果，邺城一带遂成魏国的膏腴之地。今安阳城北 15 公里处的丰乐镇村有西门大夫祠，原为东汉时为纪念西门豹治邺功绩所建的"豹神庙"，北宋时方改为西门大夫祠。

魏襄王时（前 318—前 296 年），史起为邺令，又在西门豹引漳十二渠的基础上完善邺地的灌溉系统，邺民大受其利。境内的人民传唱道："邺有贤令兮为史公，决漳水兮灌邺旁，络古舄兮生稻粱。"[1] 西晋左思《魏都赋》也称赞道："西门溉其前，史起灌其后。"[2]

西门豹、史起治邺，使邺地成为物产丰饶的发达农业区。加之位于太行山东麓南北要冲的战略地位，东晋十六国和北朝时期邺城屡屡被选为都城。

五、安阳之名的来源

安阳地处黄河以北、太行以东的漳洹平原，属古代的"河朔"重地。春秋时期，安阳属晋国"东阳"之地，即太行以东的

---

① ［汉］班固：《汉书》，卷二十九，《沟洫志》。

② ［南朝梁］萧统编：《文选》，卷六。

宽广朝阳之地。公元前453年，晋国的韩、赵、魏"三家分晋"，安阳属魏国。西汉司马迁《史记·廉颇蔺相如列传》记载，赵惠文王二十四年（前275年），赵国大将廉颇攻克了魏国的防陵、安阳。这是"安阳"一名首现于史册，距今已有2000多年的历史。"东阳"改名为"安阳"，寓意安宁祥和、阳光兴旺。

殷商时代，安阳称"北蒙""殷""大邑商"。西周属邶国、卫国之地。战国后期，秦国推行商鞅变法，日渐强盛起来，韩、赵、魏、齐、燕、楚等东方六国受到秦国的威胁。大军事家鬼谷子的高足、著名谋士苏秦凭借三寸不烂之舌，在赵肃侯的支持下游说六国，促成"山东六国"联合抗秦，这便是历史上著名的"合纵抗秦"。苏秦邀六国国君来到洹水之滨，歃血盟誓，达成协力拒秦的共识。苏秦身佩六国相印，操纵着当时的政治和军事局势。六国会盟之地在安阳殷墟西部的柴库村西，今有一土台尚存，相传为当年的苏秦拜相台。

秦灭六国后，在全国推行郡县制。安阳城始置安阳县，邺城为邺县的治所，两地同属邯郸郡。秦汉之际，洹漳一带战争频繁，此地发生的最著名的事件便是项羽破釜沉舟渡漳河。秦二世三年（前207年），秦将章邯在巨鹿包围了赵军，楚军上将军宋义受命率师北上救援，军队行至安阳时畏敌不前，屯留达46天之久。副将项羽劝说宋义进军，不仅遭到宋义的拒绝，还威胁项羽说如果不听将令就要杀头。是夜大雨如注，寒气袭人，士卒们又冷又饿，怨言不绝。第二天早上，项羽乘进见之机怒杀宋义，并传令三军："宋义与齐谋反楚，楚怀王阴令羽诛之。"[①] 项羽夺得兵权后，命令将士破

---

① ［汉］司马迁：《史记》，卷七，《项羽本纪》。

楚军破釜沉舟渡漳河

釜沉舟，渡过漳河，九战九捷，大获全胜。秦将章邯不敢再战，派人向项羽投降，遂在"洹水南殷虚上"[①]缔结了盟约。文中的"殷虚"即"殷墟"。历史上将这次盟约称为"洹上之盟"。项羽破釜沉舟之战，奠定了推翻秦朝的基础。后人为了纪念项羽，在项羽渡河的内黄楚旺镇修建了西楚霸王庙。今庙虽毁，碑文尚存，"楚旺"之名即来源于楚霸王项羽。

西汉初年，刘邦、项羽争战，史称"楚汉战争"。战争给洹水一带造成了严重的破坏。汉高祖二年（前205年），置隆虑县、荡阴县，废安阳县入荡阴，属河内郡。汉高祖时，置魏郡，治所在邺城，邺城成为郡、县两级政权的所在地。西汉时魏郡的辖境很大，领18县，有21万户，人口90万，成为冀州人口最多的一个郡。两汉时期的邺城逐步成为河北南部的政治、经济中心。

---

① ［汉］司马迁：《史记》，卷七，《项羽本纪》。

第四章

魏晋北朝时期的邺都

魏晋北朝时期，邺城是北方中原地区的政治、经济、文化中心。东汉末年，曹操以邺为都，争霸天下，奠定了邺都的基础。十六国、北朝时期，后赵、冉魏、前燕、东魏、北齐相继在邺建都，进一步扩大了邺城的影响。以"三曹""七子"为代表的邺下文人创造了建安文学的文坛佳话。邺城还是魏晋南北朝时期民族大融合的中心。享誉海内外的少林武术，最早起源于邺下寺院，创始人是佛武兼修的少林寺二祖稠禅师，而非传说中的古印度僧人达摩或少林初祖跋陀。

一、荦荦大端邺文化 ①

"文化"有广义和狭义之分，广义的文化是指人类的一切活动及其成果，狭义的文化特指人类在精神方面所取得的成就。邺文化是指广义方面的文化而言的，主要是魏晋南北朝时期在邺都及其周围地区形成的政治、军事、经济、思想、文学等方面的成就。

① 本部分由吕何生供稿，略有改动。文章原名"邺文化述略"，刊于《安阳日报》2010年12月8日。

邺城最早建于春秋时期，为齐桓公所筑。战国时期，魏国曾一度定都于邺。东汉末年，曹操占据邺城，以此为王都。随后，后赵、冉魏、前燕、东魏、北齐相继以邺为都。建都的时间共计94年。邺的中心在今河北省临漳县西南，安阳当时为畿内之地。北周静帝大象二年（580年），杨坚焚毁邺城，将魏郡、相州、邺县三级治所和民众南迁至安阳，安阳一度称"邺"。邺都是中国中古时期的重要都城，是当时全国的政治、经济、文化中心。著名历史地理学家谭其骧在《中国七大古都·序》中指出："殷和邺都是安阳的前身，安阳继承殷和邺成为河北平原南部、太行山东麓的都邑。所以追溯安阳的历史，应该肯定它是前14世纪至6世纪中国史前期重要古都所在地之一。"①

邺城分为南北两城。邺北城为曹操时期所筑，东西7里，南北5里，近似长方形。北魏郦道元描写邺城说："其城东西七里，南北五里，饰表以砖。百步一楼，凡诸宫殿、门台、隅雉，皆加观榭。层甍反宇，飞檐拂云，图以丹青，色以轻素。当其全盛之时，去邺六七十里，远望苕亭，巍若仙居。"②

邺北城的规制和布局，在中国古代都城建筑史上具有划时代的意义。一是首先出现了中轴线和对称布局；二是宫城、官署与民居截然分开，改变了过去宫城、官署与里坊相掺的状况；三是宫城、官署和贵戚所居，都集中在北部，改变了"面朝后市"的传统。曹操邺城的规制和布局，对后世隋唐长安城、明清北京城的规划都有一定的影响。

东魏孝静帝时，"改筑南城"。③城外修起长堤，以防洪水之患。

---

① 陈桥驿主编：《中国七大古都》，中国青年出版社1991年版，第8页。
② ［北魏］郦道元：《水经注》，卷十，《浊漳水　清漳水》。
③ ［明］崔铣：《彰德府志》（嘉靖），卷一，《地理志》。

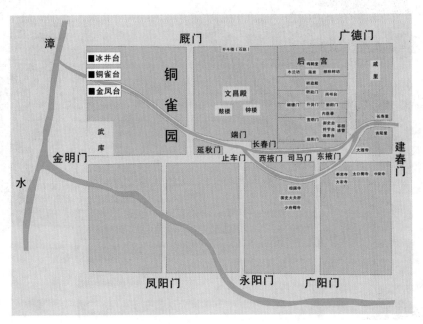

曹魏邺北城平面示意图（朱小序制图）

邺南城的北垣即为北城的南垣。南城的形状近似龟，东西 6 里，南北 8 里 60 步。

"三台"是邺城最著名的建筑，位于邺城西北，曹操时期因城基而建之。"三台"不是同时建造的，中曰"铜雀台"（又名"铜爵台"），建于汉献帝建安十五年（210 年）；南曰"金虎台"，建于建安十八年（213 年），后赵石虎时改为"金凤台"；北曰"冰井台"，建于建安十九年（214 年）。三台之间有浮桥或阁道相通，连成一体。"三台"巍峨壮观，气势恢宏。左思《魏都赋》说："飞陛方辇而径西，三台列峙以峥嵘。"[1] 郦道元也说："巍然崇举，其高若山。"[2] "三台"曾演绎过许多动人的历史故事，历代歌咏"三台"

---

① ［南朝梁］萧统编：《文选》，卷六。

② ［北魏］郦道元：《水经注》，卷十，《浊漳水 清漳水》。

铜雀春深

邺城金凤台遗址原貌

铜雀三台想象复原模型

的诗篇不胜枚举。文昌殿之西有铜雀园，亦称"西园"，是邺下文人游乐宴会、饮酒赋诗之所，史称"西园之会"。

建安时期（196—220年），在中国古代文学史上是一个创作繁荣、成就突出的重要时期。这个时期，俊才云蒸，诗人辈出，其中以"三曹"（曹操、曹丕、曹植）和"建安七子"（孔融、陈琳、王粲、徐干、阮瑀、应玚、刘桢）为代表。

"建安七子"中，除孔融没有到过邺城外，其他六人都曾在邺下从事文学活动。建安诗人的创作虽然各有特色，但却有着共同之处。他们身处乱世，颠沛流离，对现实生活和苦难有着强烈而深刻的感受。他们在政治上都有一定的抱负，表现出昂扬奋发、积极向上的进取精神。无论是反映社会的动乱和民生的疾苦，还是抒写自己不幸身世的感慨，以及对建功立业的追求，莫不充满慷慨激昂之情。诚如刘勰所言："观其时文，雅好慷慨，良由世积乱离，风衰俗怨，并志深而笔长，故梗概而多气也。"①

建安文学最鲜明的特征是明朗清新、质朴刚健，这一风格被称为"建安风骨"。曹操不仅是一位杰出的政治家和军事家，也是一位很有成就的文学家。东汉末年的荀彧评价曹操道："今公外定武功亦宜，内兴文学使干戈偃戢，大道流行。国难方殷，礼乐并兴。此姬旦宰周之所以速平也。"②

魏晋南北朝时期，邺下一带寺院林立，高僧云集。后赵时，西域僧人佛图澄来到邺城，传播佛教，"前后门徒几且一万，所历州郡，兴立佛寺八百九十三所"。佛图澄深得石勒、石虎的信任，他曾劝石氏父子以德化苍生，"不为暴虐，不害无辜"。③

东魏、北齐时，佛教更加兴盛。著名的寺院有创建于北魏孝文帝太和年间（477—499 年）的清凉山天城寺（今安阳市殷都区磊口乡修定寺），修建于东魏孝静帝武定年间（543—550 年）的宝山寺（今安阳市龙安区善应镇小南海灵泉寺）。其中，灵泉寺有"河朔第一古刹"之称，位于岚峰山西麓断崖上的大留圣窟即为其时所凿造。灵泉寺俗称"万佛沟"，佛窟、佛龛之多计有 240 多座。这些佛像造型生动，雕刻精细，是石窟造像艺术的重要实物史料。开凿于北齐文宣帝天保年间（550—559 年）的小南海石窟，现存三窟，中窟刻有著名高僧稠禅师的线雕像，极为珍贵。

南北朝时期，邺下还先后会聚了慧光、稠禅师、道凭、灵裕、法上、慧远等著名高僧。其中，慧光是印度僧人跋陀于北魏太和年间（477—499 年）所收的大弟子。据安阳师范学院体育学院马爱民教授的研究，稠禅师是第一个将武术从安阳传到少林寺的武僧，

① ［南朝梁］刘勰：《文心雕龙》，卷九，《时序》。

② ［元］郝经：《续后汉书》，卷三十一，《荀彧传》。

③ ［唐］释道世：《法苑珠林》，卷七十六，《咒术篇第六十八之三》。

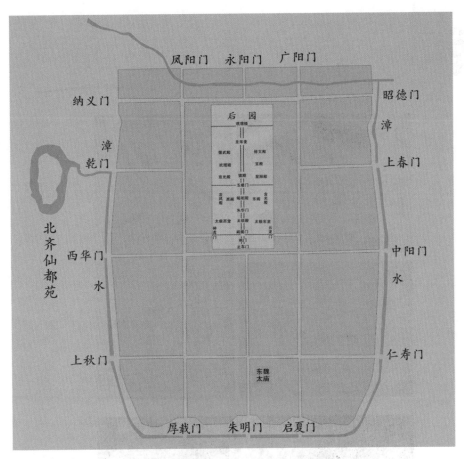

东魏北齐邺南城平面示意图（朱小序制图）

安阳清凉山修定寺塔

安阳宝山灵泉寺石窟造像

宝山灵泉寺石窟佛龛

因此可以说少林武术源自安阳。

邺都一带在魏晋南北朝时期还是各民族杂居融合的地区。后赵为羯族人建立的政权，前燕为鲜卑族慕容部建立的政权，东魏为鲜卑族拓跋部建立的政权，北齐则是鲜卑化的汉人建立的政权。太和年间（477—499年），北魏孝文帝元宏大力提倡尊儒崇经，推行礼乐教化，进行了一系列的汉化改制，涉及语言、服饰、姓氏、婚姻等方面。邺城是孝文帝经常巡幸的地方，因而汉化改制对邺地有着重大的影响。

东魏从洛阳迁都邺城时，"四十万户狼狈就道"①。其中多数人是鲜卑族贵族。这些少数民族，与当地人民杂居相处，同耕共织。在民族融合与文化交流的过程中，虽然总的趋势是朝着汉化的方向发展，但来自北方草原民族的文化也为汉文化注入了生机与活力。

以上仅为邺文化之荦荦大端者。邺文化内容丰富，博大精深，是一份珍贵的历史文化遗产，需要进行深入研究，不断挖掘其深邃内涵，继承并弘扬它的优秀精神传统，使其在繁荣和发展社会主义先进文化中发挥应有的作用。

二、曹操都邺大有缘②

魏晋南北朝时期，先后有曹操的魏王国和后赵、冉魏、前燕、东魏、北齐等政权在邺建都，邺都于是彪炳史册，而首先在邺建都的是东汉末年的曹操。因此，探讨曹操都邺的原因，对于了解邺都在历史上的重要地位是有益处的。

---

① ［宋］司马光：《资治通鉴》，卷一五六，梁高祖中大通六年冬十月丙子。

② 本部分由吕何生供稿，略有改动。原名"曹操都邺原因初探"，发表于《安阳古都研究》，1988年年刊。

（一）曹操定都邺城

东汉末年，声势浩大的黄巾军起义席卷全国，使东汉的统治摇摇欲坠。在镇压起义的过程中，逐渐形成了群雄割据、各霸一方的局面。当时的邺县属魏郡，魏郡属冀州，冀州和魏郡的治所均在邺。冀州牧（"牧"为汉代末年州的军政长官）初为韩馥，汉献帝初平二年（191 年）七月，在袁绍的胁迫下，韩馥让位，袁绍做了冀州牧。袁绍以邺为基地，经营冀州。袁绍的长子袁谭任青州（治临淄，今山东淄博）刺史，次子袁熙任幽州（治蓟县，今北京）刺史，外甥高干任并州（治晋阳，今山西太原）刺史，欲以四州之地独霸北中国。

汉献帝初平元年（190 年）正月，曹操在河南陈留起兵，数年后取得兖州和豫州。汉献帝建安元年（196 年）九月，曹操挟持汉

邺城遗址平面模型（局部）

献帝，将都城从洛阳迁到了许（今河南许昌）。建安七年（202 年）五月，袁绍病死。曹操于建安九年（204 年）八月攻破邺城，袁绍经营 14 年的邺城从此为曹操所得。曹操以邺为根据地，北伐西征，逐渐统一了中国北方，为进而统一全国奠定了坚实的基础。只要看一看以下的史实，就能明白邺地在曹操心目中举足轻重的地位了。

汉献帝建安十三年（208 年）正月，曹操在邺城建玄武池操练水军。六月，自为丞相。

建安十五年（210 年）冬，筑铜雀台。

建安十八年（213 年）五月，曹操以冀州魏郡等十郡封为魏公，正式建都于邺。七月，在邺城建立社稷宗庙。九月，作金虎台。同时开凿利漕渠，引漳水入白沟，以利漕运。十一月，在魏置尚书、侍中、六卿等官职。

建安十九年（214 年），筑冰井台。

建安二十一年（216 年）五月，曹操晋爵为魏王，曹操的女儿皆称公主。八月，以钟繇为相国。

建安二十二年（217 年）十月，立曹丕为太子。

东汉的国都原为河南洛阳，曹操迎献帝于许，许不是曹魏的国都，而是东汉的国都，曹魏的国都在邺。虽然汉献帝只不过是曹操手中的傀儡，但他名义上毕竟还是汉朝的皇帝。这时的曹魏乃是汉天子所封的王国，邺是曹魏这个诸侯王国的国都。邺城自建安九年（204 年）八月为曹操所攻取，曹操便将邺作为自己的根据地，但当时它还不是曹操的国都。邺正式作为曹魏的国都是在建安十八年（213 年）五月曹操被封为魏公开始的。

（二）曹操都邺原因

曹操为何如此看重邺地，并把它作为自己的大本营和国都呢？

对这一问题，史籍上没有明确的记载，只能根据一些零散的史料进行推测。

1. 邺城地居中心，有山河之固

当袁绍为冀州牧、占据邺城之时，谋士田丰曾对袁绍说过这样一段话："将军据山河之固，拥四州之众，外结英雄，内修农战，然后简其精锐，分为奇兵，乘虚迭出以扰河南，救右则击其左，救左则击其右，使敌疲于奔命，民不得安业，我未劳而彼已困，不及三年，可坐克也。"[①]田丰的分析是肯切的，谋划也是高超的，但跋扈的袁绍却未能听从。这段话中的"据山河之固，拥四州之众"，是对邺地形势的恰当论述。所谓"山河之固"，是指太行山及太行余脉的众多山峦耸立其西，漳水和滏水（即今漳河和滏阳河）横贯于北。正如左思在《魏都赋》中所描述的："旁极齐秦，结凑冀道，开胸殷卫，跨蹑燕赵，南瞻淇澳，北临漳滏。"[②]可谓地居中心，山河险固，可进可退，可攻可守。至于"拥四州之众"，是指冀州、青州、幽州、并州等四州，当时均为袁绍所占据。

曹操取得冀州等四州之前，在相当长的一段时间内占有的地盘是兖州和豫州。兖州的治所在山东鄄城，辖境相当于现在的山东省西南部；豫州的治所在谯县（今安徽亳州），辖境相当于现在的豫东、皖北一带。兖、豫二州土地平阔，无险可恃，故曹操没有将此二州作为根据地。汉献帝所都的许，属颍川郡，颍川郡属豫州，后来做了曹操谋臣的荀彧（颍川颍阴人，颍阴即今河南许昌）当初就曾说过："颍川四战之地，宜亟避之。"[③]所谓"四战之地"，即指土地平旷，无险可守，四面容易受敌的地方。曹操可以让汉献帝以颍

---

① ［南朝宋］范晔：《后汉书》，卷一百四上，《袁绍传》。

② ［南朝梁］萧统：《文选》，卷六。

③ ［宋］司马光：《资治通鉴》，卷六十，汉献帝初平三年春正月丁丑。

川郡的许为都，但他自己却是无意都许的，其原因大概即在于此。

洛阳是个可作为国都的所在，而且东汉的国都原本即在那里，曹操为什么也不以洛阳为都呢？原因恐怕有这样两个：

第一，初平元年（190年）二月，董卓把汉献帝挟持到长安，放火焚毁了洛阳宫室，洛阳一片荒残。等到建安元年（196年）汉献帝狼狈回到洛阳的时候，洛阳依然是破败不堪的景象，史书上写道："是时，宫室烧尽，百官披荆棘，依墙壁间，州郡各拥强兵，委输不至；群僚饥乏，尚书郎以下自出采稆，或饥死墙壁间，或为兵士所杀。"[1] 这样一个残破饥困的地方，曹操怎么肯建都于此呢？

第二，正因为洛阳曾经是东汉的国都，曹操才不肯以此为都的。曹操的雄心虽然很大，意欲统一天下，但在当时他还是不得不"避嫌"的，"避嫌"则有利于成就他的统一大业，这也是他至死不曾称帝的原因。曹操的部下曾多次劝他称帝，他却说："若天命在吾，吾为周文王矣。"[2] 司马光对此曾有过很精辟的论述："然州郡拥兵专地者，虽互相吞噬，犹未尝不以尊汉为辞。以魏武之暴戾强伉，加有大功于天下，其蓄无君之心久矣，乃至没身不敢废汉而自立，岂其志之不欲哉？犹畏名义而自抑也。"[3]

在邺建都的想法，其实并不自曹操始。当初袁绍取得冀州之后，其谋士沮授曾劝袁绍说："今州域粗定，兵强士附，西迎大驾，即宫邺都，挟天子而令诸侯，畜士马以讨不庭，谁能御之！"[4] 袁绍没有听从，而曹操却捷足先登，迎汉献帝都许，并于其后定邺为魏王国之都城。

---

① [宋] 司马光：《资治通鉴》，卷六十二，汉献帝建安元年八月辛丑。

② [宋] 司马光：《资治通鉴》，卷六十八，汉献帝建安二十四年十二月。

③ [宋] 司马光：《资治通鉴》，卷六十八，汉献帝建安二十四年十二月。

④ [宋] 司马光：《资治通鉴》，卷六十一，汉献帝兴平二年十二月乙卯。

2. 邺地富庶，粮饷充裕

《三国志·魏书·武帝纪》裴松之注引《英雄记》曰："于时冀州民人殷盛，兵粮优足。"引文中的"于时"为韩馥担任冀州牧的时期。韩馥的部下耿武、闵纯、李历也曾说："冀州带甲百万，谷支十年。"[①]可见冀州、魏郡之地甚为富庶，粮饷充足。左思在《魏都赋》中，也盛赞邺地"山川之倬诡，物产之魁殊"，说它"繁富夥够"[②]，可见邺地之富庶程度。

汉献帝建安五年（200年）十月的官渡之战，曹操的兵力远不如袁绍，军粮只够吃一个月，而袁绍不仅拥有"精兵十万，骑万匹"[③]，而且粮饷十分充足。袁绍开始运来军粮数千车，被曹军一把火烧掉。接着又运来一万多车，囤于乌巢（今河南延津东南），又被曹兵放火全部焚烧。袁绍所据邺地的兵粮之充裕，由此可见一斑。

曹操希图取得冀州，以邺为其根据地的想法，大约形成于取得冀州之前。官渡之战的前一年（199年），袁绍准备进军攻许的消息传来，"诸将以为不可敌"。而曹操却说，袁绍"土地虽广，粮食虽丰，适足以为吾奉也"[④]。这里可以看出两点：一是曹操看到了冀州魏郡的土地广，粮食丰；二是想要取而代之。五六年之后，冀州果然为其所得，曹操的话被应验了。

3. 谶语的作用不应加以排除

东汉末年曾流行着这样一句谶语："代汉者当涂高。"元代胡三

---

① ［宋］司马光：《资治通鉴》，卷六十，汉献帝初平二年秋七月。

② ［南朝梁］萧统：《文选》，卷六，《魏都赋》。

③ ［南朝宋］范晔：《后汉书》，卷一百四上，《袁绍传》。

④ ［晋］陈寿：《三国志》，卷一，《武帝纪》。

省注《资治通鉴》曰："当涂高者，魏也。"① "当涂"，即当权的意思，"当涂高"就是身居高位、手握重权的人，曹操时为丞相，正是"当涂高"者。据东汉许慎《说文解字》卷九上释"巍"道："魏，高也，从嵬，委声。"北宋徐铉进一步解释说："今人省山，从为魏国之魏，语韦切。"② 即"魏"的本字为"巍"，意思为高，后人省略了山字头。邺是魏郡的治所，故曹操后来封为魏公、魏王，以邺为都，是否以此谶语来迷惑世人也未可知。袁术不是

邺瓦文物遗存

也曾陶醉于这一谶语而加以利用吗？袁术字公路，"术"字的本义即道路，故其字曰"公路"，谶语中的"涂"字也是道路的意思。司马光《资治通鉴》上说："袁术以谶言'代汉者当涂高'，自云名字应之。"胡三省注引李贤曰："'当涂高'者，魏也。然术自以'术'及'路'皆是涂，故云应之。"③ 所以，袁术于建安二年（197年）曾称帝于寿春（今安徽寿县）。

综上所述，邺都作为曹操成就统一大业的根据地，他是怀有深深的眷恋之情的。建安二十三年（218年）六月，他就曾下令曰："规西门豹祠西原上为寿陵。"④ 建安二十五年（220年）初，曹操

---

① [宋]司马光：《资治通鉴》，卷六十二，汉献帝建安元年八月辛丑。
② [汉]许慎：《说文解字》，卷九上，中华书局1963年版，第189页。
③ [宋]司马光：《资治通鉴》，卷六十二，汉献帝建安元年八月辛丑。
④ [晋]陈寿：《三国志》，卷一，《武帝纪》。

与孙权约擒杀关羽，之后从南方回到洛阳，不久即于正月二十三日病死于洛阳。临终前，他留下遗令说："葬于邺之西岗上，与西门豹祠相近，无藏金玉珠宝。"又说："汝等时时登铜雀台，望吾西陵墓田。"[1] 曹操对于邺地的依依之情，可谓深矣。

曹魏之后，又有几个国家和朝代在此建都，都邺的时间前后凡78 年。

三、曹操与邺下文人

汉末建安时期文人辈出，以"三曹""七子"为代表的邺下文人集团，开启了中国文化史的一个巅峰时代。建安文学以抒写社会现实、质朴清新、悲凉慷慨的文风对后世文学产生了深远影响。曹操不仅是东汉末年一位杰出的军事家和政治家，还是一位有成就的文学家。他爱好文学，有极高的文学修养，一生戎马倥偬而不忘吟咏。曹操现存 20 多首诗歌全部是乐府诗，数量虽少，却不乏传世佳作。

（一）邺下文人集团

汉献帝建安十八年（213 年），曹操被封为魏公，邺城成为曹魏王都。曹操在邺城大兴土木，造就了邺城历史上最为繁荣的时期。

曹操以邺城为根据地，南征北战，最终统一了北方。李白诗云"蓬莱文章建安骨"[2]，一语道破了建安文学对于后世的深远影响。建安时期，尤其是汉献帝迁都和曹操平定冀州之后，文学创作获得

---

[1] ［东汉］曹操：《曹操集·遗令》。

[2] ［唐］李白：《李太白文集》，卷十五，《宣州谢朓楼饯别校书叔云》。

了一个较为宽松的社会文化环境，创作出许许多多表现时代精神、反映时代生活的文学作品。在创作内容上一改枚乘、司马相如等为代表的两汉赋家以歌颂帝王功德为目的的文学，成为有感情、有个性的抒情性的文学，使得建安时期成为中国文化史上一个空前繁荣的时期。

建安文学是在邺下发展起来的，并非只限于建安时期的 20 多年，它包括从东汉末年到曹魏初年。建安文学的代表人物是被称为"三曹"的曹操、曹丕、曹植父子和被称为"建安七子"的孔融、陈琳、王粲、徐干、阮瑀、应场、刘桢，还有 100 多人的邺下文人集团。邺下文人的文学创作以诗赋为主。他们经常聚集在一起，饮酒赋诗，观赏歌舞，互相评论，共同探索。他们聚会的地点多数是在文昌殿之西的铜雀园，当时也称"西园"，所以后人把这一集会叫作"西园之会"。

生活在战乱时代的邺下文人们，能够从汉乐府中吸取营养，继承了汉乐府民歌的优良传统，以当时社会的动乱、人们颠沛流离的生活作为创作题材，在一定程度上反映了人民的疾苦和诉求，体现了希冀国家统一的愿望。他们的作品辞情慷慨、气势宏伟、语言刚健、催人进取，一方面描述社会的动乱与民生的疾苦，充满悲天悯人的情怀，另一方面抒发了渴望建功立业的豪迈之情。"三曹"积极倡导，"七子"推波助澜，邺下文人济济，文坛佳作辈出，中国文学史上出现了一个空前繁荣的局面，留下了光辉耀目的篇章。

西园的集会活动，不仅发展了建安文学，也对后世文坛产生了深远影响。西晋洛阳"二十四友"的"金谷之会"、东晋文坛的"兰亭之会"等，都是仿效"西园之会"产生的。曹操是建安文学的开创者，首开用旧乐府写新时事的先河，曹操的作品除五言外，四言诗也有不少优秀之作，他学习汉乐府，但又有自己的风格。

曹操像

（二）品读曹操诗歌

曹操文学修养极高，军旅之余常赋诗遣兴。陈寿《三国志·武帝纪》注引《魏书》载："御军三十余年，手不舍书，昼则讲武策，夜则思经传，登高必赋。及造新诗，被之管弦，皆成乐章。"曹操的诗歌现存 20 多首，大都为乐府体。

曹操的诗歌最值得肯定的是记述时事，抒写他的政治理想和远大抱负，即使是那些咏史和写景之作，也无不体现着他的远大理想和宽阔胸襟。曹操的诗写得悲凉慷慨，气势雄浑，著名诗篇有《短歌行》《苦寒行》《薤露行》《蒿里行》等。《蒿里行》写了董卓之乱后的军阀混战，"白骨露于野，千里无鸡鸣"，短短十个字，展现了一幅连年战乱造成百姓生灵涂炭、田园荒芜的悲惨景象，更表达了诗人的无限悲痛及对战乱制造者的强烈谴责。

曹操的代表作《短歌行》，开篇就以悲凉的情调，唱出了对人生有限、生命易逝的无限感慨。他写道：

对酒当歌，人生几何！譬如朝露，去日苦多。
慨当以慷，忧思难忘。何以解忧，唯有杜康。
青青子衿，悠悠我心。但为君故，沉吟至今。
呦呦鹿鸣，食野之苹。我有嘉宾，鼓瑟吹笙。
明明如月，何时可掇。忧从中来，不可断绝。
越陌度阡，枉用相存。契阔谈宴，心念旧恩。

> 月明星稀，乌鹊南飞。绕树三匝，何枝可依？
> 山不厌高，海不厌深。周公吐哺，天下归心。

　　曹操在这首诗中所表现的思想感情，吐露出天下归心的高远志向，充满奋发进取的豪迈之情。作者咏叹生命将逝、人生无常，而国家统一的事业还没有完成，渴望有更多的贤士来帮助他完成统一大业。诗中反复倾吐的正是这种求贤若渴的心情，这首诗与他的《求贤令》所表达的思想感情是完全一致的。曹操的诗"甚有悲凉之句"①，这种悲凉慷慨是与他对民生疾苦的同情和丰功伟业的追求紧密结合在一起的。正如《秋胡行》中的两句诗所言，曹操"不戚年往，忧世不治"。

　　另一首《却东西门行》写道：

> 鸿雁出塞北，乃在无人乡。
> ……
> 冉冉老将至，何时返故乡？
> ……

　　抒写了"戎马不解鞍，铠甲不离旁"的征夫泪和思乡愁绪，渴求战败强敌，统一北方，使多年极度混乱的社会安定下来。

　　描写自然景物的著名诗篇是他的《步出夏门行·观沧海》：

> 东临碣石，以观沧海。
> 水何澹澹，山岛竦峙。

---

① ［南朝梁］钟嵘：《诗品》，卷三。

树木丛生，百草丰茂。

秋风萧瑟，洪波涌起。

日月之行，若出其中。

星汉灿烂，若出其里。

幸甚至哉，歌以咏志。

诗篇描写的是诗人在北征乌桓途中，登上山海关以南的碣石山所看到的一幅波澜壮阔的大海图景。其中"日月之行"四句，描写了大海的高远辽阔，似乎连日月星辰都在它的范围内运行出没，显示了诗人丰富的想象力和气势雄浑的风格特征。全诗虽然只是描写景物，没有直接抒写他的英雄抱负，但人们仍然可以从中感受到作者的壮阔胸怀。

《观沧海》是古典写景诗词中出现较早而又写得相当成功的名作，在中国诗歌史上具有很高的地位。毛泽东在《浪淘沙·北戴河》词中所写的"往事越千年，魏武挥鞭，东临碣石有遗篇"[1]。指的就是曹操的这首诗。

曹操的诗歌富有创新精神，他自觉地向汉乐府民歌学习，但又突破了乐府音律的限制。四言、五言、杂言诗都写出了传世名篇。诗歌语言质朴简约，没有浮华的辞藻，善于运用传统的比兴手法，用形象的比喻来再现事物，表达思想。《龟虽寿》中的"老骥伏枥，志在千里；烈士暮年，壮心不已"，就是运用比兴手法十分成功的例子，反映了诗人老当益壮的英雄襟怀，成为传诵千古的名句。

曹操的诗，用的是旧形式，写的却是新内容，而在句法、语法上又不刻意模仿。现代文学大师鲁迅称，曹操是"改革文章的

---

① 臧克家:《毛主席诗词讲解》，中国青年出版社 1962 年版，第 42 页。

祖师"①。这句话不仅是就曹操的散文而言,同样也包括他的诗歌创作。曹操对文学的爱好和提倡,推动了建安文学的繁荣和发展。建安文学对后世影响最大、最深远的是诗歌,以曹操为代表的"三曹""七子",开启了中国文学史上一代清新自然、质朴刚健的"建安风骨",久远地影响于后世。

四、疑冢与曹操高陵

2009 年 12 月 27 日,河南省文物局在北京举行新闻发布会,尘封千年的曹操高陵在安阳县安丰乡西高穴村得到考古确认。此消息一经发布,可谓一石激起千层浪。作为三国时期重要的历史人物,曹操墓地一直是悬疑未解之谜,历来为世人和学界所瞩目。曹操高陵在河南安阳得到考古确认,拨开了历史迷雾,掀起新一轮三国热,更为古都安阳增添一份历史的厚重。

(一)曹操疑冢传说

曹操墓地堪称千古之谜,神秘的色彩为历史的云烟所笼罩。

东汉末年,叱咤风云的一代枭雄曹操,走完了他 66 岁的人生历程,于汉献帝建安二十五年(220 年)正月二十三日病逝于洛阳。按照他生前的《遗令》,同年二月二十一日归葬邺城。早在两年前的建安二十三年(218 年)六月,也许意识到自己将不久于人世,曹操曾颁布一道《终令》,令曰:"古之葬者,必居瘠薄之地。

---

① 鲁迅:《魏晋风度及文章与药及酒之关系》,《鲁迅杂文全集》,河南人民出版社1994 年版,第 290 页。

其规西门豹祠西原上为寿陵，因高为基，不封不树。"① 建安二十五年的曹操《遗令》又曰："殓以时服，无藏金玉珍宝。"② 意思是说，逝者的葬地应选在贫瘠的地域，勿要侵占良田。自己身后的寿陵宜选在西门豹祠西边的旷原之上，这里地势较高，不宜耕作，墓庐之上不堆土，不建陵园，也不栽树，墓中勿藏珍宝。由此看来，曹操提倡薄葬，对自己的身后事低调而不张扬。曹操还对他众多的妻妾和歌舞艺伎作了安排，让她们学学编织缝纫，以自食其力。

曹操去世以后，归葬邺城。因为这片土地对他来说太过重要，成就了他统一北方、鼎足三国的宏伟霸业。曹操高陵，亦称"西陵"。在1000多年前的唐代，曹操墓尚为世人所共知，并无隐秘。唐代李吉甫《元和郡县图志》卷二十"相州　邺县"条记载："魏武帝西陵，在县西三十里。"唐太宗贞观十九年（645年），唐太宗李世民率军亲征高丽，途经邺地时，曾"自为文祭魏太祖"③。这说明当时的高陵故地依然清晰可辨。宋元以后，随着曹操的污名化，曹操墓的确切位置和地理标识才逐渐淡出人们的视野，开始变得扑朔迷离，众说纷纭。

千百年来，民间关于曹操墓地的传闻有着诸多版本，诸如七十二疑冢说、漳河水底说、临漳习文说、磁县彭城说、安徽亳州说、许昌城外说，不一而足。其中，"七十二疑冢说"最为流行。至少宋代时，已有"七十二疑冢说"，北宋王安石《将次相州》诗云："青山如浪入漳州，铜雀台西八九丘。蝼蚁往还空垄亩，麒麟埋没几春秋。功名盖世知谁是，气力回天到此休。何必地中余故物，魏

<hr />

① ［晋］陈寿：《三国志》，卷一，《武帝纪》。

② ［晋］陈寿：《三国志》，卷一，《武帝纪》。

③ ［元］史伯璿：《管窥外篇》，卷下。

曹操高陵方位示意简图

公诸子分衣裘。"①诗中的"八九丘"，暗喻"八九七十二疑冢"。如果说王安石的诗还没有明确指明"疑冢"的话，南宋俞应符《曹公疑冢》一诗则说得非常明确，诗云："生前欺天绝汉统，死后欺人设疑冢。人生用智死即休，何用余机到丘垄。人言疑冢我不疑，我有一法君未知。直须掘尽疑冢七十二，必有一冢藏君尸。"②南宋范成大出使金国，路过漳河之北的讲武城，亦称："城外有操疑冢七十二，散在数里间。"③

明清以后，"七十二疑冢说"更为流行。这要"归功"于民间戏曲和流传甚广的罗贯中《三国演义》。在众多民间戏曲中，曹操被刻画成白脸奸臣，挟天子以令诸侯，身为汉相实为汉贼。曹操

① ［宋］王安石：《临川先生文集》，卷十九。

② ［清］厉鹗：《宋诗纪事》，卷五十五。

③ ［宋］范成大：《揽辔录》，载［元］陶宗仪编《说郛》，卷六十五上。

"宁教我负天下人，休教天下人负我"①。阴险狡诈的形象，在民间可谓家喻户晓，深入人心。罗贯中在《三国演义》第七十八回写道："又遗命于彰德府讲武城外，设立疑冢七十二：'勿令后人知吾葬处，恐为人所发掘故也。'"经过文人和艺人的着力渲染，曹操"七十二疑冢说"为普通百姓所熟悉，一代枭雄曹操的葬身之地遂成为千古之谜。

传说归传说，小说亦非史实，历史自有真相。曹操生前并没有设七十二疑冢的遗命，讲武城外的大小墓冢也不止 72 座。经国家文物部门考古发掘证实，所谓的七十二疑冢，乃是东魏、北齐的王公贵族墓葬群，与曹操的葬身之地并无关系。这些墓葬在 1985 年 12 月被国务院公布为全国重点文物保护单位，定名为"磁县北朝墓群"。"七十二疑冢"之谜自此揭开，但越发引人关注的是，尘封千年的曹操墓究竟在哪里呢？

（二）鲁潜墓志契机

历史的谜团往往会在不经意间露出一丝端倪。1998 年 4 月间，安阳县安丰乡西高穴村村民徐玉超在村西烧砖挖土时，意外发现了鲁潜墓志。鲁潜墓志以高决桥和"故魏武帝陵"为参照物标注了鲁潜墓的具体位置，指明"故魏武帝陵"就在鲁潜墓明堂东南 300 余米的范围之内。

鲁潜，官至后赵太仆卿、驸马都尉，卒于后赵石虎建武十一年（345 年），距曹操去世的时间仅隔 125 年，鲁潜墓志所记载信息具有极高的可信度。鲁潜墓志的现身，为沉寂多年的曹操墓探寻带来了新的转机。

1998 年 6 月 28 日，《中国文物报》首先披露了这一重要发现，

---

① ［明］罗贯中：《三国演义》，第四回。

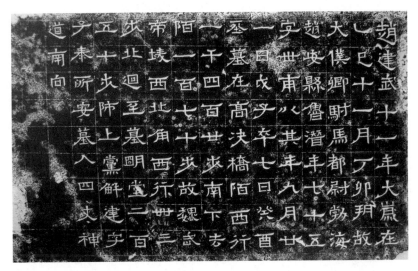

《鲁潜墓志》

并公布了鲁潜墓志的志文。令人遗憾的是，鲁潜墓志并非考古工作者从鲁潜墓中挖掘出来的，而是由盗墓者盗挖出来，发生了扰动和位移。鲁潜墓志上所说的"高决桥"，又位于今天西高穴村的何处呢？鲁潜墓的具体位置不确定，给准确判断曹操高陵的位置带来了一定困难。虽然如此，鲁潜墓志的价值仍是显而易见的，它基本确定了曹操高陵就在安阳市区西北的安丰乡西高穴村附近。高决桥之"高决"即今"高穴"，"决""穴"古音通假，"高穴"又是高陵的隐语。可以说，鲁潜墓志部分解答了西高穴村的身世之谜，也极大地缩小了探寻曹操高陵的范围。

从历史文献的记载上，也可以找到曹操高陵的一些蛛丝马迹。据《三国志·魏书·武帝纪》记载，建安二十五年（220年）正月庚子日，曹操崩于洛阳，"谥曰武王，二月丁卯，葬高陵"。曹操的封国为魏，汉献帝封他为魏王，曹丕代汉之后的国号亦为魏。曹操死后谥号"武王"，故被称为"魏武王"。同年（220年）十月，曹丕代汉自立，年号"黄初"，史称"魏文帝"，曹丕追封其父曹操为"武皇帝"。此后，曹操的称谓才改为"魏武帝"。

"魏武王"是自曹操离世到被追封为"魏武帝"这个短暂时期的独有称谓，也正是曹操下葬时的称谓和名分。考古学家唐际根认为："鲁潜墓志最不寻常之处，在于它提到了魏武帝。学过历史的人都知道，魏武帝就是曹操。"① 《鲁潜墓志》所称"故魏武帝陵"，即指尘封千年的曹操高陵。

（三）惊世曹操高陵

鲁潜墓志志文的公之于世，也引来了盗墓者觊觎的脚步。安丰乡西高穴大墓不断遭到疯狂盗掘，文物保护的压力越来越大。河南省文物局报经国家文物局批准，2008 年 12 月，河南省文物考古研究所开始对西高穴一号、二号墓进行抢救性考古发掘。

已发掘的西高穴二号墓坐西向东，斜坡墓道长 39.5 米，宽 9.8 米，最深处距地表 15 米左右。墓室墓圹平面呈前宽后窄的梯形，东西最宽处宽 22 米，南北长 18 米，整个墓地占地面积 740 平方米左右。墓室为砖室墓，分为前、后两室，四角攒尖顶，各有侧室。整个墓室均为青石铺地，墓门上有精美的石刻画像。此墓虽经多次盗掘，遭到严重破坏，但仍然出土了大批文物，包括圭、璧、画像石残块、刻石铭牌、兵器、钱币、饰件、陶器、陶俑、用具、遗骨等共 250 余件，为考古工作者确认墓主人身份提供了珍贵的实物佐证。

那么，如何判定西高穴二号大幕的主人就是曹操呢？负责西高穴大墓发掘工作的考古人员说，确认西高穴二号大墓为曹操高陵的主要证据有 6 项：

---

① 唐际根：《曹操墓真相》，科学出版社 2010 年版，第 6 页。

曹操高陵墓道

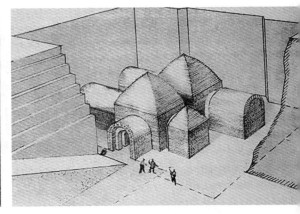

曹操高陵结构示意图

曹操高陵墓门

曹操高陵出土的慰项石、石牌、石壁

1. 从大墓的建筑材料及部分出土文物，断定此墓的年代是东汉末年到曹魏时期，与曹操埋葬的时间相符。

2. 从大墓的形制、结构看，规格很高，墓主应当是王侯一级的。

3. 大墓所处的地理位置与文献记载的曹操高陵一致。

4. 出土文物中有"魏武王"的刻石铭文，与曹操死后的名分相同。

5. 墓葬简朴，无奢侈品，与曹操生前生活简朴、提倡薄葬相吻合。

6. 墓中一男二女，男性60岁左右，与曹操去世时的年龄基本吻合。

特别是墓中出土有"魏武王常所用格虎大刀""魏武王常所用格虎大戟""魏武王常所用慰项石"等铭文石牌，从侧面印证了曹操横槊赋诗、武艺超群、有伏虎之力的超常技艺；曹操患有头痛病，发作起来便头痛欲裂，使用石枕"慰项"合乎情理。这些都为确定墓主人为魏武帝曹操提供了重要证据。

（四）高陵入选国保

为确认西高穴大墓的墓主人身份，国家文物局先后邀请中国社会科学院考古研究所、历史研究所和国内多所知名大学、研究机构的专家学者进行论证。2010年1月11日，由12位魏晋考古专家组成的中国社会科学院考古研究所考察团，在王巍所长的带领下，冒着隆冬严寒，来到安阳对西高穴大墓进行全面考察。

考察团对西高穴大墓的第一印象，用王巍所长的话来说，是："大墓规格之高令人吃惊，被盗墓者破坏的程度也令人吃惊。"前来考察的专家们从各自的研究领域，使用最新的研究方法，仔细考察了墓葬的结构和出土遗物，详细分析了墓葬的被盗情况和各类随葬品所反映的历史信息，认真观察了对证明墓主人身份有直接证据的有铭遗物的出土状态，并就一些尚未引起充分注意的现象和遗物展开充分的讨论。

专家们结合西高穴大墓的墓葬形制、规格、出土文物、出土铭牌铭文的内容、字体、墓主人骨骼的鉴定，并结合历史文献资料，对墓主人的身份进行了科学判定，认定此墓的墓主人为魏武帝曹操，此墓葬当为曹操高陵。随后，中国社会科学院考古研究所召开"中国社会科学院 2009 年公共考古论坛"，正式公布了河南安阳西高穴东汉大墓调查研究的结果报告，维持了河南省文物考古研究所的结论。

2010 年 6 月，曹操高陵入选"2009 年度全国十大考古新发现"。2010 年，被公布为河南省文物保护单位。2013 年 3 月，顺利通过国家重点文物保护单位初评。2013 年 5 月 3 日，国务院正式公布"安阳高陵"为第七批全国重点文物保护单位。目前正在建设

在建的曹操高陵博物馆（刘伟、陈明润摄）

的曹操高陵博物馆，将成为观赏、研究曹魏三国文化及汉魏历史的重要平台，实现与世界文化遗产殷墟大遗址保护的联动发展。

五、民族融合聚邺都

魏晋南北朝是中国历史上民族大融合的重要时期，先后有多个少数民族政权在邺建都。后赵为羯族政权，前燕为鲜卑族慕容部政权，东魏为鲜卑族拓跋部政权，北齐则是鲜卑化的汉人政权。魏晋南北朝时期民族大融合的中心地带在邺都及其周围地区。民族大融合使北方游牧民族与中原农耕民族相互融合，逐步形成中华多民族大家庭，形成了多元一体、充满活力、生生不息的中华优秀传统文化。

邺城自春秋齐桓公始筑，战国初期魏文侯曾建都于此。西汉时，邺城为冀州、魏郡治所，东汉末兼并了并、青、幽三州，邺城成为黄河流域大部分地区的统治中心。汉献帝建安九年（204 年），曹操攻克邺城，自领冀州牧居邺。他挟天子以令诸侯，邺城成为曹魏王都和实际上的政治中心。建安二十五年（220 年）曹操去世后，曹丕袭其王位为丞相，仍然都邺。曹丕废汉献帝为"山阳公"，自立为魏国皇帝。黄初元年（220 年）十二月，曹丕定都洛阳，邺与洛阳、长安、许、谯并列为五都，称为"邺都"或"北都"，这时的邺城成为曹魏帝国的陪都。邺作为曹魏王都，历 16 年。

东晋十六国时期，后赵建武元年（335 年），羯族人石虎迁都于邺，营建邺都，使邺城进入了邺都发展史上的鼎盛时期。后赵时期将邺城作为国都，共 15 年。

后赵青龙元年（350 年）正月，汉人石闵杀死石鉴，自立为帝。石闵复其汉姓冉氏，定国号"魏"，年号"永兴"，仍旧都邺，后世称其为"冉魏"，冉魏在战乱中建国又连续对外作战，冉闵永兴三年（352年）四月，冉魏被前燕攻灭。冉魏都邺，仅2年。

鲜卑族慕容部燕王慕容儁乘赵境大乱，率军直驱南下，很快灭掉了冉魏。前燕迁都邺城，修复邺宫和"三台"。慕容暐建熙十一年（370年），前燕被前秦攻灭。前燕在邺建都，共18年。

南北朝时期，北魏于道武帝天兴元年（398年）攻克邺城后置邺行台，统领黄河中下游地区。后又以邺行台所辖六郡之地改置相州，治邺城。532年，高欢夺取了邺城，同年在韩陵之战中大败尔朱联军，进而控制了北魏朝政。高欢以丞相、柱国大将军、太师的身份常住邺城。

534年，北魏分裂为西魏和东魏，高欢挟东魏孝静帝元善见从洛阳迁都邺城。废安阳县入邺，殷邺始合二为一。翌年，又以邺城狭隘而增筑南城，原邺城为北城。兴和二年（540年）春正月，东魏孝静帝迁居南城新宫。东魏改相州为"司州"，改魏郡太守为"魏尹"，分邺县东部另置临漳县。这时的邺除为国都外，又是司州、魏郡、邺县和临漳县的治所。邺城作为东魏的国都，共16年。

东魏武定八年（550年），齐王高洋逼迫孝静帝退位，东魏灭亡。高洋自立为齐帝，后世称其为"北齐"。北周于武帝建德六年（577年）攻克邺都，北齐灭亡。邺城仍为相州、魏郡治所。北齐在邺建都，共27年。

北周占领邺都后，静帝大象二年（580年）相州总管尉迟迥举兵讨伐杨坚，兵败自杀。杨坚命部将韦孝宽将邺城焚毁，千年名都付之一炬。同时将魏郡、相州、邺县三级政权和民众南迁40里于安阳城，于邺城旧址置灵芝县。

六、佛武兼修稠禅师

佛教自东汉传入中国，逐渐被中国人所接受。到了魏晋南北朝时期，邺下寺院林立，高僧云集。少林寺二祖、邺下高僧稠禅师，佛武兼修，开创了少林寺的习武之风。

饮誉海内外的中华少林武术究竟起源于何时，发端于何人？长期以来，广泛流传的说法是，少林武术源自北魏时期在嵩洛（少林寺一带）游历传佛的印度僧人达摩和少林初祖跋陀。安阳师范学院体育学院的马爱民教授经过10多年的艰辛探索、调查论证，在国家"九五"期间（1996—2000年）主持完成了河南省哲学社会科学规划项目"少林武术起源研究"，并撰写了30多万字的研究报告，报告的结论是：

1. 少林寺武术起源于北魏宣武帝延昌年间（512—515年）"拳捷骁武"的少林寺二祖稠禅师，而非晚于"北齐时期"。

2. 稠禅师少年习武是在尚武风习盛行的邺下寺院，而非少林寺。

3. 中国历史上有文献可考的最早出现有大量武僧的寺院是邺下寺院。

4. 少林寺武术的起源与印度僧人达摩、跋陀无关。

5. 中华武术源远流长，少林寺武术的开创和形成，是对中华武术的继承和发展。

2000年9月，河南省哲学社会科学规划办公室组织专家组对马爱民教授的"少林武术起源研究"报告及其结果进行了结项鉴定，鉴定结论是：

武术是中国文化之瑰宝，少林武术是中国武术众多流派中较大的一个流派。对少林武术起源问题，众说纷纭。马爱民同志主持的该课题在收集大量历史资料的基础上，并到多处与少林武术发展密切相关的地方进行实地考察，运用多种学科的知识进行较为详尽的研究，得出少林武术起源于北魏宣武帝延昌年间。少林先师稠禅习武地为邺下寺院，而非少林寺，少林武术起源与达摩大师无关等论断。论证有力，对丰富武术理论宝库做出有益的工作。

马爱民教授关于"少林武术起源研究"获得的重大成果，澄清了一个至关重要的历史悬案：少林武术原本起源于安阳，此人便是北魏孝文帝太和四年（480年）出生于邺，成长于邺的稠禅师，他年轻时在邺下寺院习武，"拳捷骁勇"，名震四方，后为少林寺二祖，即少林武术开创的寺主；少林武术的开创者绝非长期误传的印度传佛僧人达摩和跋陀。这一石破天惊的研究成果，长时间得到海内外重要媒体的广泛传播。2001年3月26日，新华社报道了这一研究成果。

稠禅师 28 岁受戒，生活习武

安阳小南海北齐石窟稠禅师线雕像

101

少林寺武僧习武场景

于邺下。后来到嵩山少林寺为武僧，武功禅学达到很高的境界。作为二祖住持少林寺后，他将邺下所学武功传入少林，是倡导少林寺禅武结合的第一人。安阳小南海北齐石窟内，至今保存着稠禅师的线雕像，极为珍贵。

关于少林武术起源研究的一系列丰硕成果证明，少林武术并非源自印度，它的根在中国、在安阳，这是值得引以为傲和自豪的。人民体育出版社 2003 年出版的《传统武术文化新探》、2008 年出版的《中国体育通史》，对安阳古代著名武僧稠禅师的武功与少林武术的起源作了详尽介绍。北京体育大学出版社 2021 年出版的《中华武术通史》是国家重点出版基金资助项目，书中再次将邺下著名武僧、北魏少林寺创寺后的第一武僧稠禅师载入中华武术通史。

第五章

隋唐宋元时期的相州

隋唐以后，相州安阳取代邺城成为中原河朔地区的政治、经济、文化中心。唐代相州城由南北相连的相州城和安阳城组成，安阳城又称"相州外城"，北距洹水3里。北宋神宗熙宁年间（1068—1077年）划邺镇入临漳县，安阳成为河朔地区的中心城市。金章宗明昌三年（1192年）升相州为彰德府，沿袭宋制属河北西路。元代时改彰德府为彰德路，设彰德路总管府于安阳城，隶属中书省。

一、邺都毁废相州兴

灿烂的邺文化是安阳古都文化的重要组成。北周静帝大象二年（580年），相州总管尉迟迥举兵讨伐杨坚。尉迟迥兵败自刎，愤怒的杨坚命令部将韦孝宽将邺城彻底焚毁，大火一月不息。古邺城，这座繁盛一时的六朝古都，最终灰飞烟灭，湮埋于漫漫黄土之下。与之相伴随的是，魏郡、相州、邺县三级政权和大量民众南迁40里于安阳城，安阳从此取代废毁的古邺城，成为这一地区的政治、经济、文化中心。隋唐以后，相州安阳也称为"邺城"。

（一）隋唐邺城变迁

隋文帝开皇三年（583 年），罢魏郡，邺县成为相州附郭。隋开皇十年（590 年），又改灵芝县为邺县，于是安阳县、邺县两县各复旧名。到了唐太宗贞观八年（634 年），始筑小城于故邺城西为邺县治，结束了杨坚毁邺后，邺县长期无固定治所的局面。安阳自隋唐至清代、民国初为相州、彰德府治所，邺都旧址所在的今临漳县历来为其属县。

隋代时，相州安阳的地位不及东汉末年至北朝时的邺都。但由于北齐亡后，"衣冠士人多迁关内，惟技巧、商贩及乐户之家移实州郭。由是人情险诐，妄起风谣，诉讼官人，万端千变"①。故史称"邺都俗薄，旧号难治"②。入唐以后，国家一度置都督府于此。

安史之乱后，唐代宗广德元年（763 年）置相卫节度使于此，未几即为河北三镇之一的魏博节度使所吞并。魏博治魏州（今河北大名），自隋代开凿永济渠后，因紧临运河而兴起。五代时，后汉、后晋、后周均置有邺都，为当时的陪都之一。然而这个邺都已非魏晋南北朝时期的旧邺都，而是指唐代的魏州。北宋的大名府即沿袭此城，具体地址位于今天河北省大名县东，今天尚存城墙遗址。之所以称为"邺都"，是因为自曹操为魏王都邺以来，魏与邺已被视为异名同义，邺都随魏州而移，而实际上唐宋时期的魏州、大名府已替代了邺城，成为河北平原南部的政治、经济中心。

唐朝时，相州的地位虽不及魏州，然安阳、邺、临漳境内农业相当发达。因邺城被毁，城市供水系统均遭废弃，城外引漳灌溉渠道尚属完好，唯久未修复，起不到应有的作用。唐高宗咸亨三年（672 年），相州刺史李景于安阳西 40 里引洹水为高平渠东流，入

---

① ［唐］魏徵等：《隋书》，卷七十三，《梁彦光传》。

② ［唐］魏徵等：《隋书》，卷四十六，《长孙平传》。

县东广润陂以溉田。又于邺南 5 里开金凤渠，邺县至临漳也开凿水渠，邺北开利物渠自滏阳（今河北磁县）入成安县，这三条渠道都从天平渠分水引灌，农业得以受利。高平渠水系历宋元几经兴衰，至明中叶大多为漳水泥沙所淤废。这时漳洹冲积扇上的经济、政治中心已移至安阳。

宋神宗熙宁五年（1072 年），废邺县为邺镇，划归临漳县，一部分土地并入安阳。殷邺地区剩下的就是安阳和临漳二县，而中心则在安阳。

（二）邺都怀古遗篇

邺城的兴废变迁，从大量千古传诵的诗歌中得到印证，它们真实记述了安阳古都的历史。唐代诗人岑参青年时代曾写下诗篇《登古邺城》[①]：

> 下马登邺城，城空复何见。
> 东风吹野火，暮入飞云殿。
> 城隅南对望陵台，漳水东流不复回。
> 武帝宫中人去尽，年年春色为谁来？

唐玄宗开元二十七年（738 年）春，25 岁的岑参自长安（今陕西西安）壮游河朔（古代指太行山以东黄河以北地区），这首诗便是诗人行经古邺城时所作，当时距古邺城兵燹已经过去了 150 多年。西晋左思《魏都赋》所描摹的邺都巍峨三台、玉宇琼楼再也无从寻觅，昔日繁华皆为过眼云烟。抚今追昔，诗人发出了沧海桑田的悲凉感慨。滔滔漳河水，一去不复回，城隅之南的望陵台，荒草

---

① ［清］彭定求等编：《全唐诗》，卷一九九。

掩映，只遗废墟。追忆横槊赋诗的魏武帝，空城败垣枉负了一派大好春光。

到了中唐时期，邺城废墟已辟为耕地。年长日久，当地人已不知此为何地。孟郊《早发邺北经古城》①诗云：

> 微月东南明，双牛耕古城。但耕古城地，不知古城名。
>
> 当时置此城，岂料今日耕。蔓草已离披，狐兔何纵横！
>
> 秋云零落散，秋风萧条生。对古良可叹，念今转伤情。
>
> 古人已冥冥，今人又营营。不知马蹄下，谁家旧台亭。

唐宋以来，无数路过邺城、铜雀台旧址的文人墨客所留下的怀古诗篇，无不对"魏家园庙已成尘"②的沧桑之变，表现出无限的感伤与怀想。

在唐代诗歌中，人们多将相州安阳称为"邺城"。前引孟郊《早发邺北经古城》，古城即指古邺城，古邺城在"邺北"，这里的"邺"明显是指相州安阳。韦应物《送崔押衙相州》云："邺城新骑满，魏帝旧台空。"③意思是说相州安阳城的街市，忽然间涌进那么多的车马官民，变得熙熙攘攘，昔日繁华的古邺城、魏武帝三台已然空空如也。

唐玄宗天宝十四载（755年），安史之乱爆发，颠沛流离的诗人杜甫，目睹了战争的惨烈和人民的苦难，写下了不朽的诗篇三吏、三别。其中《石壕吏》有"听妇前致辞，三男邺城戍"的诗句，这里戍卫的"邺城"即为相州安阳城。

---

① ［清］彭定求等编：《全唐诗》，卷六三六。

② ［唐］郭良骥：《邺中行》，载［宋］李昉等编《文苑英华》，卷三百九。

③ ［唐］韦应物：《韦苏州集》，卷四。

二、寻迹隋唐相州城

"相"这个古老的地名，源自殷商时期。商代中期，商王河亶甲居相。金代《商王庙碑记》记述相州山川地理云："夫相在大河之北，乃唐之冀方、汉之魏郡也。介洹、卫之间，清漳绕其北，太行阻其西，六峰秀而明，万金通而利，东西延袤几二百里。其川衍，其野沃，其气候平，其风物阜，昔殷王河亶甲都此。"

东晋十六国时期的安阳一带，为后赵、冉魏、前燕的邺都之地。到了北魏道武帝天兴四年（401年），始置相州于邺城。北魏孝武帝永熙三年（534年），北魏分裂为东魏、西魏，东魏都邺城。北周静帝大象二年（580年）邺城毁废，移相州于安阳。自隋、唐、五代至宋代，安阳一直称"相州"。直到金章宗明昌三年（1192年），改相州为彰德府，"相州"在安阳建置长达612年。在历史的长河中，"相州"最初建置在邺城，而后南迁40里于安阳城。自北周以后，各代的相州治所均设在安阳城。

公元6世纪末，中国社会已经历了260余年的分裂动荡与民族融合。隋王朝的建立者杨坚下令焚毁邺城，将邺城迁至安阳城。此后的安阳称"邺城""相州"，取代古邺城成为周边地区的中心城邑。隋文帝开皇十年（590年），恢复安阳县，城址位于洹水南岸，即今天的安阳城区。

唐代相州依托优越的自然条件，农耕获得发展。唐代张守节《史记正义》卷五引李泰《括地志》云："安阳城，即今相州外城是也。"[①] 唐代有相州城和安阳城之分，安阳城又称"相州外城"，

---

① ［汉］司马迁：《史记》，卷五，《秦本纪》，中华书局1959年版，第218页。

北距洹水3里。唐高宗咸亨三年（672年），相州刺史李景于城西40里引洹水筑高平渠，后称"万金渠"。该渠自西向东流，其间依次设曲沟、流寺、盖村、孙平等四道水闸，入县东广润陂以溉田，灌溉大片土地。又于邺西引高平渠水为"金凤渠"，东流灌溉临漳田地。洹河南岸的隋唐相州瓷窑，瓷器烧造技艺精良，冶铁、桑蚕业也得到发展。隋朝所修的大运河提高了卫河的航运能力，相州安阳漕运便利。历经大唐开元盛世（713—741年），人口逐渐增加，当时在相州城所建的开元寺，规模宏大，香火旺盛。这一时期，漳洹冲积扇平原的经济、政治中心已移至安阳。

唐代在安阳城设相州总管府和相州都督府，治辖8个属县，为"河朔第一要地"。当时全国的都督府除沿边国防者外，仅设20个，而相州居其一。相州都督府是黄河以北、太行山以东唯一的都督府。唐朝廷每以亲王为相州刺史，足见相州地位之高。

五代时，在相州设昭德军、彰德军，这便是"彰德"一名的肇始。唐代封演《封氏闻见记》卷十《谬识》载，相州城门为砖所垒砌，说明当时相州城之城墙、城门开始有了"外砖内土"的建筑规制。

唐玄宗天宝十四载（755年）安史之乱爆发，"九重城阙烟尘生，千乘万骑西南行"[①]。战乱波及的范围很广，发生在安阳的相州大战尤为激烈。安禄山父子起兵之初，已置重兵于安阳，号"安阳军"。安庆绪继位后，以安阳为都，置安成府。唐肃宗乾元二年（759年），郭子仪、李光弼等九节度使讨伐安庆绪于相州城，安庆绪求救于史思明，官军与安史叛军大战，杀伤相半。宋代司马光《资治通鉴》卷二二一"乾元二年春三月壬申"条载："官军步骑

---

① ［唐］白居易：《白居易集》，卷十二，《长恨歌》。

六十万陈于安阳河北……未及布陈，大风忽起，吹沙拔木，天地昼晦，咫尺不相辨。两军大惊。官军溃而南，贼溃而北。弃甲仗辎重委积于路。"饱经丧乱的诗人杜甫在《石壕吏》中所写的"三男邺城戍"，"邺城"即是今天的安阳城。

唐代大诗人李白的诗篇《邺中赠王大》，"邺中"亦谓相州安阳城。唐代著名诗人沈佺期是河南内黄人，他与宋之问齐名，号为"沈宋"。唐代史学家李延寿世居相州，编修了《二十四史》中的《南史》《北史》。

三、千载悠悠话相州

北宋时期，随着社会经济的恢复和人口的增加，河朔要地相州城得以扩建。宋真宗景德三年（1006 年），相州城的城墙向南北延展增筑，城墙周长约 19 里，城池扩大，使相州城始具大城风范，城内开始以"里坊"制规划街衢。相州别称"相台"，缘于曹魏邺都的铜雀三台。北宋时相州治所在安阳城，为中原河朔重镇，隶属河北西路，治辖安阳、汤阴、临漳、林虑四县。

唐宋相州城雄踞华北平原南部，西边为太行山余脉的北岭、南岭。相州枕山襟河，平原坦荡，地处交通要冲。宋真宗景德元年（1004 年），北宋与辽国订立了澶渊之盟，以"岁币"换取罢战，北方逐渐趋于安定。相州为河北大州，南通汴洛，是北上辽国的必经之路，军事地位十分显要。宋真宗景德三年（1006 年）相州城的增筑与修葺，使相州城的规模和范围比唐代相州城扩大了许多。

安阳城从战国魏安阳邑，到秦、晋安阳县城，再到唐相州城和相州外城，宋相州城，历史上可能有扩有缩，或城址位移，但大体上都在洹水南岸三四里处，不出今安阳城区。宋时稍大之，含有今南关一带。

《邺乘》云："后魏天兴元年所筑，宋景德三年增筑，围十九里。"言相州城为后魏天兴元年（398年）所筑，误。后魏天兴四年（401年）始置相州，治邺城，在今安阳老城东北20公里。安阳城作为相州治所始于北周大象二年（580年），隋（或唐）始筑安阳相州城，可知相州城并非天兴元年筑。《邺乘》说宋景德三年增筑者，可能是将唐相州城和相州外城（安阳城）合二为一，加以扩修。①

"城郭十九里"乃统相州正城、相州外城与增筑部分而言。此城历北宋、金、元诸代，因以宋元城称之。其增筑部分有二，一位于明清城南墙外，今南上关、南下关及附近之街道、厂、场、机关、学校与医院皆其地也，清人称此部分为附城或南城。南有门，俗名南小门，门外有双庙、安阳驿诸建筑。增筑之二，位于外城之北，至洹水之南不远处，今北关之北部。相州北门，原名通远，增筑后，以"通远"名增筑部分之北门，迄金前期，易名"朝京"。自朝京门至南小门，约七八里。

金时，人烟尤盛，升相州为彰德府。各地学者名流，聚居于此，实安阳文化史上继建安而后，又一鼎盛时期。②

文中所说的"相州正城"就是后来的安阳老城，为隋唐所筑；

---

① 许作民：《安阳古代纪事》，中州古籍出版社2007年版，第433页。

② 张之：《安阳考释——殷、邺、安阳考证集》，新华出版社1997年版，第35页。

而"相州外城"则地处正城之北，为战国、秦晋所筑。加上增筑部分，使得北宋相州城形成了西、北两面以丘陵山地和洹河作为天然屏障，南面以附城拱卫的防卫格局。由于沿太行山东麓北上的道路为相州城的南北交通要道，因此在相州城南聚集了许多人口。增筑相州城时，城南的附城，又称"南小城"，也被囊括其中。

北宋相州城规模宏大，城郭逶迤，共辟有四个城门：东门为"永定门"，因其朝向治所在相州城的永定县（今安阳县永和乡一带）而得名；西门为"通晋门"，因相州城的西边通向山西省，山西简称"晋"而得名；南门为"朝京门"，因北宋京城汴梁（今河南开封）位于相州城之南而得名；北门为"通远门"，意为从相州城的北门出发，可以通达北方很远的地方。

增筑后的相州城，北门易名为"拱辰门"，取意"众星拱北辰"，北辰是北斗七星的代指，因为北向，故称"拱辰门"。相州城四门之外皆建有瓮城，宽阔的南北大街两旁，街坊基本对称。州城内儒学、寺庙、州署、郡园错落有致，与北周太祖广顺二年（952年）所建天宁寺塔（今文峰塔）共同构成了雄伟的城市轮廓。北宋相州城中的牙城，是相州的官府州廨，为宋初彰德军节度使韩重赟所建。"牙城"，指州署围墙雉堞而言，其北有蔬圃。

由于北宋统治者采取了恢复和发展农业、手工业生产的措施，社会经济取得了一定的发展，带动了更多市镇的产生和扩展。宋真宗景德年间（1004—1007年）增筑的相州城，隶属河北西路，它的规制和范围较唐代有较大扩展，城围达19里，农田、户口增加，商业贸易繁荣。相州还有一个别称叫"相台"。迄今最早的安阳地方志书，是北宋李回、陈申之编撰的《相台志》，今散佚不存。该志书将相州，也就是今天的安阳称作"相台"，得名于曹魏时期所筑的邺城铜雀三台。

北宋相州州署建筑遗存高阁寺

高阁寺须弥宝座蟠龙石雕

112

"古相州"石匾额

安阳老城影壁后街 7 号院的居民院墙上，镶嵌着一块石匾额，其上镌刻"古相州"三个大字，该石匾额来自安阳老城南下关一带。1933 年，安阳县政府将它保存于此。因影壁后街已纳入南大街片区拆迁改造范围，为保护文物，2013 年 11 月，安阳市文峰区文化局将该石匾额从居民院墙上拆卸下来，妥善保存。

相州，这个古老的地名记述着安阳历史的兴衰变迁。今天安阳地名中的相州路，还有位于老城区周围的相州宾馆、相州酒楼、相州商场等，都是"相州"这个古老地名的传承和延续。

四、韩稚圭三治相州

今天安阳老城里的韩魏公祠和昼锦堂旧址已位列全国重点文物保护单位。千百年来，这里书声琅琅，文风鼎盛。说起昼锦堂的历史，还要追溯到北宋时期的三朝贤相韩琦。韩琦（1008—1075 年），字稚圭，北宋相州安阳人，世居城内东南隅之昼锦坊。韩琦是著名的政治家，他的一生宦海沉浮，历北宋仁宗、英宗、神宗三朝为相。

韩琦像

韩琦出身官宦世家，自幼"风骨秀异"[①]，才智过人。宋仁宗天圣五年（1027年），20岁的韩琦中了进士，任将作监丞。后任陕西经略安抚副使，与范仲淹一同挂帅西征，迫使西夏臣服于北宋，军功显赫，时称"韩范"。当时边关曾有"军中有一韩，西贼闻之心胆寒"[②]的歌谣传颂，韩琦遂名扬天下，备受朝廷倚重。

宋仁宗庆历三年（1043年），韩琦被召回朝中任枢密副使，他提出改革弊政的八项建议，参与范仲淹、富弼等人推行的"庆历新政"。"庆历新政"失败后，韩琦自求外任，先后出知扬州、并州、定州、相州等地。在并州时，他收回了被契丹占领的土地。每到一地，韩琦都尽其所能，为民兴利除弊，深得百姓拥戴。今天扬州瘦西湖湖畔的万花丛中，还矗立着韩琦的塑像。

韩琦文韬武略，匡扶社稷，曾三治相州造福桑梓。宋仁宗至和二年（1055年）二月，韩琦以武康军节度使任相州知州，第一次为官故乡，可谓"仕宦而至将相，富贵而归故乡"[③]。韩琦治理相州时，竭诚为家乡人民办了几件实事。韩琦辟牙城、修甲仗库，增强了相州城的防卫力量和兵械储备。

---

① [元] 脱脱：《宋史》，卷三一二，《韩琦传》。

② [元] 富大用：《古今事文类聚》外集，卷七，《惊贼破胆》引《名臣传》。

③ [宋] 欧阳修：《欧阳文忠集》，卷四十，《相州昼锦堂记》。

韩琦科举殿试图

韩魏公祠大殿

韩琦《安阳集》卷二十一《相州新修园池记》云：

> 相于河朔为近藩，而地据形胜，西走镇、定之冲，屯师积谷，与边镇相左右……郡署有后园，北逼牙城，东西几四十丈，而南北不及百尺，虽有亭榭花木，而扼束蔽密，隘陋殊甚。牙城之北，乃有官蔬之圃，纵广半夫，中有废台岿然……于是辟牙城而北之，三分蔬圃之地，其一居新城之南，西为甲仗库，凡五十六间，由是兵械百万计，始区而别焉。

文中的"半夫"指 50 亩耕地。

除了辟牙城、修甲仗武库，增强州城的防御，韩琦还增筑州廨东北的安阳郡园，建昼锦堂、醉白堂。"昼锦"二字，是据《汉书·项籍传》中的"富贵不归故乡，如衣锦夜行"，反其意而用之。昼锦堂堂舍逶迤，花园锦绣，古朴优雅，是韩琦读书和会见文人墨客的地方。州署花园于寒食节修成，向民众开放。北宋大文学家欧阳修的名篇《相州昼锦堂记》千载传诵。韩琦主持于州署以北凿大池，修葺康乐园，中有求己亭、观鱼亭、红芳亭、荣归堂、忘机堂等建筑。他还兴修水利，主持疏浚了高平渠，引洹水入城灌注园池。韩琦体恤民力，在城西北隅建造了两座水碾。元代许有壬《彰德路创建鲸背桥记》云："韩忠献王三守相，凡渠水之利，莫不修复。"[①]

宋仁宗嘉祐年间（1056—1063 年），韩琦官拜宰相。宋英宗治平元年（1064 年），韩琦拜右仆射，封魏国公。韩琦说服垂帘听政的曹太后还政于英宗。宋神宗熙宁元年（1068 年）七月，在韩琦的一再请求之下，宋神宗同意韩琦复判相州，这期间他上奏朝廷

---

① ［元］许有壬：《至正集》，卷三十七。

昼锦堂记

仕宦而至将相，富贵而归故乡，此人情之所荣，而今昔之所同也。盖士方穷时，困厄闾里，庸人孺子皆得易而侮之。若季子不礼于其嫂，买臣见弃于其妻。一旦高车驷马，旗旄导前，而骑卒拥后，夹道之人，相与骈肩累迹，瞻望咨嗟；而所谓庸夫愚妇者，奔走骇汗，羞愧俯伏，以自悔罪于车尘马足之间。此一介之士，得志于当时，而意气之盛，昔人比之衣锦之荣者也。惟大丞相卫国公则不然。公，相人也，世有令德，为时名卿。自公少时，已擢高科，登显仕，海内之士，闻下风而望余光者，盖亦有年矣。所谓将相而富贵，皆公所宜素有，非如穷厄之人，侥幸得志于一时，出于庸夫愚妇之不意，以惊骇而夸耀之也。然则高牙大纛，不足为公荣；桓圭衮裳，不足为公贵。惟德被生民而功施社稷，勒之金石，播之声诗，以耀后世而垂无穷，此公之志，而士亦以此望于公也。岂止夸一时而荣一乡哉。公在至和中，尝以武康之节，来治于相，乃作昼锦之堂于后圃。既又刻诗于石，以遗相人。其言以快恩仇、矜名誉为可薄。盖不以昔人所夸者为荣，而以为戒。于此见公之视富贵为何如，而其志岂易量哉！故能出入将相，勤劳王家，而夷险一节。至于临大事，决大议，垂绅正笏，不动声色，而措天下于泰山之安。可谓社稷之臣矣！其丰功盛烈，所以铭彝鼎而被弦歌者，乃邦家之光，非闾里之荣也。余虽不获登公之堂，幸尝窃诵公之诗，乐公之志有成，而喜为天下道也，于是乎书。

尚书吏部侍郎、参知政事欧阳修记，端明殿学士、尚书礼部侍郎蔡襄书丹，尚书刑部侍郎中知制诰郡必冣额。治平二年三月，太子宾客知相州赵良规立石。

昼锦堂记碑

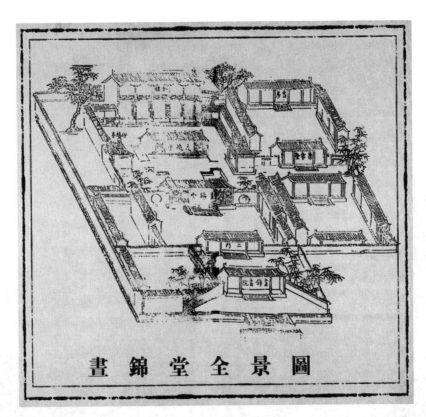

清乾隆五十二年（1787 年）《彰德府志》载昼锦堂全景图

东南营街昼锦书院南门

昼锦书院现存奎楼、古槐

免除了相州所属河北路的徭役，安定了民心。这时冀州、大名一带发生地震，黄河堤防溃决，宋神宗下诏韩琦改判大名府。因此，韩琦第二次治理相州只有短短数月的时间。

宋神宗即位后，韩琦拜司空兼侍中。宋神宗熙宁年间（1068—1077 年），韩琦对王安石推行新法过程中出现的弊端提出自己的看法，他多次上疏列陈利害。熙宁六年（1073 年），韩琦第三次判相州时，适逢旱情严重，城西水冶的泉水干涸。韩琦组织民力疏挖，泉水喷涌而出，此泉今名"珍珠泉"，至今仍发挥着重要的灌溉作用。

韩琦历经仁宗、英宗、神宗三朝，执掌大权，名重一时。韩琦卒年 68 岁，谥号"忠献"，宋神宗曾为之辍朝三日，亲为题写"两朝顾命，定策元勋"的碑额。

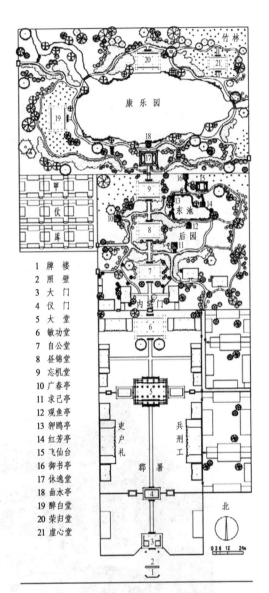

1　牌楼
2　照壁
3　大门
4　仪门
5　大堂
6　敏功堂
7　自公堂
8　昼锦堂
9　忘机堂
10　广春亭
11　求己亭
12　观鱼亭
13　狎鸥亭
14　红芳亭
15　飞仙台
16　御书亭
17　休逸堂
18　曲水堂
19　醉白堂
20　荣归堂
21　虚心堂

相州州署、康乐园想象复原图（源自清华同衡遗产中心：《安阳市仓巷街历史文化街区保护规划》，2017 年编印本，第 77 页）

五、古相州城南旧事

昔日，安阳南关的来鹤楼畔流水潺潺，其水源自万金渠。万金渠桥俗称"井楼桥"，井楼桥畔的火神庙、来鹤楼是南关的地标建筑，香飘百年的豆腐脑是南关的人文记忆。老照片中的井楼桥、石栏杆赫然在目，演绎着相州安阳的城南旧事。

安阳老城的南关，存续了许多民间传说和人文记忆。这里是北宋相州城的南小城，南关花市街、裕大轧花厂见证着往昔棉花加工贸易的兴盛。牲口经纪、钉马掌的老行当，记录着农耕时代的印痕。井楼桥畔的火神庙、来鹤楼是南关的地标和记忆。南关小吃豆腐脑香飘百年，相传与来鹤楼有关。

南关来鹤楼旧影像

昔日万金渠自西向东流经安阳城南关，南北街道上有座古桥名"井楼桥"。渠水在楼东边转向东北，渠上还有戏楼桥、平桥两座桥。戏楼对面有一座火神庙，昔日南关为古相州"三桥九庙井里碑"的名胜之地。"小井儿"水清甘洌，井口是一块会生长的"活石"。当地人称"活石甘泉千家用，车推肩挑半个城"。昔日盛夏时节，常有南关居民推着水车到城里叫卖。

岁久斑驳的井楼汲水石桩

来鹤楼，在南关井楼桥东，明代知府陈九仞于万历年间（1573—1620 年）主持兴建，20 世纪 60 年代初拆除。来鹤楼就建在小井之上，相传楼阁建成之日，有仙鹤来仪，落于楼顶，故名"来鹤楼"。后来仙鹤南归，村民便雕了一只会打鸣报晓的金鸡置于楼顶。民间传说言，一个月黑风高的夜晚，这只金鸡因与贼人搏斗而肝脑涂地，于是便有了南关豆腐脑好喝的传说。

1932 年刻写的井楼标识

关于南关豆腐脑的传说，还有另外一个版本，说此处原有一座明代崔铣少年时习文读书的来鹤亭，旁有参天古柏，柏树古井之间有一只报晓鸡。后来拆亭建楼时，楼恰好盖在鸡头之上，把鸡脑子都压了出来。从那时起，南关豆腐脑味美鲜嫩，远近闻名。

南关豆腐脑，卤鲜料足，嫩滑可口，已传承了上百年。20世纪50年代初，家住南关北塞外街的孟家兄弟经营豆腐脑生意。他们每天二更天便起床，从井楼桥边的老井担水磨豆子，拉风箱点豆腐脑。卤中的粉皮切成菱形块儿，面筋也必不可少。天刚麻麻亮，孟记豆腐脑挑子便出了门，街巷里回荡起悠长的吆喝声。挑担的前边木桶盛豆腐脑儿，后边铁桶盛卤，卤桶底下用炭火温着。舀卤时，一把木勺上下支楞几下，每碗中的粉皮、面筋块儿都是有数的。再浇上葱油、芝麻香油，即可食用。当时，热腾腾的豆腐脑儿仅5分钱一碗，配上两根热麻烫（油条）或小笼包，这便是老少咸宜的安阳传统早点，让人回味悠长。

南关清代古戏楼

南关火神庙

南关还有一个老地名，叫"东拐街"。东拐街位于井楼东侧，因来鹤楼门前原来有一座背驮石碑的高大赑屃，赑屃的头伸向路中，挡了南北道路，行人须向东拐，再南行，于是便有了东拐街。南关戏楼为一座清代建筑，前面有"出将""入相"进出口各一，前檐彩绘飞龙、云纹，硬山灰筒瓦覆顶，造型端庄独特，是安阳市区目前仅存的中国古代戏楼。岁月的铅华已湮没了往日的锣鼓喧阗，斑驳陆离的古戏楼静静守望着南关的变迁。

六、金代的相州街市

秦　楼

［南宋］范成大

栏街看幕似春游，斑犊雕车碧画油。

奚家女子称贵主，缕金长袖倚秦楼。

翠　楼

［南宋］范成大

连衽成帷迓汉官，翠楼沽酒满城欢。

白头翁媪相扶拜，垂老从今几度看。

在金元时代相州城街市中，秦楼、翠楼无疑处于繁华闹市。这两栋华美的楼宇高三层，雕梁画栋，极其精美。诗中的"斑犊"，指长着黑白相间花斑的小牛犊儿，驾着油亮的碧画雕车行走在街市上。描绘街道上的人流熙熙攘攘，则用了"连衽成帷"来比喻，仿佛人们的衣襟都连成了帷幕一般。坊巷连着街市，街市繁华喧嚣。而翠楼沽酒，在当时竟然是令满城人为之欢快的事情。

据许作民撰辑《安阳古代纪事》记载，金世宗大定十年（1170年），南宋资政殿大学士、著名诗人范成大出使金国途经相州，写下记述相州城繁华街景的《秦楼》《翠楼》。除了以上诗篇，在《揽辔录》中，范成大还记述了他在汤阴及相州街市的见闻：

> 壬申过伏道，有扁鹊墓。墓上有幡竿，人传云："四旁土，可以为药。"或于土中得小团黑褐色，以治疾。伏道艾，医家最贵之。十里即汤阴县。

> 癸卯过羑河。上有羑里城，四垣俨然，居民林木满其中。过相州市，市有秦楼、翠楼、康乐楼、月白风清楼，皆旗亭也。秦楼有胡妇，衣金缕鹅黄大袖袍，金缕紫勒帛，褰帘旻语，云是宗室女，郡守家也。遗黎往往垂涕嗟啧，指使人云："此中华佛国人也。"老姬跪拜者尤多。昼锦堂尚存，金尝更修饰之。过漳河，入曹操讲武城。周遭十数里。城外有操疑冢七十二，散在数里。传云："操冢正在古寺中。"

范成大（1126—1193年），字致能，晚号"石湖居士"，平江吴郡（今江苏苏州）人。宋高宗绍兴二十四年（1154年）进士。范成大是一个爱国者，他关心人民疾苦，官至参知政事、资政殿大学士。范成大的诗文，擅用洗练平常的语言描绘百姓生活的场景，让人们体味到当时的平民生活。从宋孝宗乾道四年（1168年）起，南宋两次派他出使金国，企图向金国讨还河南巩县的诸帝陵寝之地，在金主面前，他词气慷慨，最终全节而归，为朝野所称道。范成大《揽辔录》中的这段纪行文字，生动再现了金代相州城街市的景象。当时距北宋灭亡已40多年，然而金国统治之下的中原父老见到南宋使者，"往往垂涕嗟啧"，指着他们说："此中华佛国人也"，恍若隔世。老妇们见到他们更是纷纷下跪。简约的文字，写出了亡国之痛与黍离之悲。

"旗亭"，是古代酒楼的别称，有旗幌招摇故名。古代城市中，官府设"馆、驿"，民间设客栈、旗亭。范成大的纪行诗文中写道：相州城内街市三层高的秦楼、翠楼宾客盈门，生意兴隆。酒楼内人头攒动，呼朋唤友；城内街道繁华喧嚣，车水马龙。北宋贤相韩琦所建的昼锦堂尚存，金人尝为之修饰，可见韩魏公名望之高。文中还提到漳河之滨的曹操七十二疑冢"散在数里"，说明当时的曹操高陵已成疑冢，其确切方位已无从寻觅。据清嘉庆二十四年（1819年）《安阳县志》记载，南宋淳熙丙申（1176年），待制敷文阁张子政充任贺金主生辰使。张子政北上时也曾路过相州，他看到城内商贾云集，人烟稠密。街道两旁的建筑物高大，茶楼酒肆林立，有康乐楼、月白风清楼、翠楼、秦楼等，酒楼上还出卖一种名叫"十洲春色"的美酒。

七、云烟往事鲸背桥

元代修筑的安阳桥是洹河城区段现存最古老的一座石拱桥，桥身北高南低，远观石桥宛如水中之鲸背，故名"鲸背桥"。鲸背桥是安阳城区的地标建筑，在安阳人的心目中有着举足轻重的地位。"鲸背观澜"是古代彰德八景之一。每年的正月十六，安阳桥两岸都要举行规模宏大的庙会，并形成了"走安阳桥，祛百病"的民俗。

洹河，又名"安阳河"，古称"洹水"，是安阳的母亲河。在殷墟甲骨文中，即有"𣲗"（洹）字，说明人们认识洹河的历史十分

久远。洹河发源于河南林州市的林虑山东麓，流至林州市横水镇潜
入地下，潜流至龙安区善应镇涌出地面，故民间有"逢横而入，逢
善而出"①的说法。洹河全长164公里，流域面积1953平方公里，
流经林州市、龙安区、殷都区、北关区、安阳县、内黄县，至内黄
县范羊口汇入海河的支流卫河。

五代以前，洹河两岸的往来靠舟船摆渡。善应镇小南海附近
为洹河上游一个繁华的摆渡码头，这里至今还存留着一个名叫"装
货口"的村庄。南来北往，舟船摆渡毕竟不如架桥便利。洹河上有
桥，始于五代后晋时期。在今安阳桥的西边大约一里处，人们修建
了一座冬修夏撤、低矮简陋的草桥。因在洹水之上，故名"洹桥"，
民间又称"安阳河桥"。

最初的"洹桥"是一座漫水桥，即一年之中冬春秋三季可通
行，夏季主汛期来临之时，河水则漫过桥面，南北交通阻断，因而
"为永逸计，非石不可"②。今天，人们看到的安阳桥石桥始建于元
惠宗至元二年（1336年）。至元四年（1338年）石桥建成之际，元
中书左丞许有壬作《彰德路创建鲸背桥记》，刻碑以记之：

> 乃相旧渡，沙深水阔，抵难为植，疏凿引水，人用重劳。
> 东一里水碨废渠，土性坚良，面势惟允，基是缔构，事半功
> 倍。……中作三礅，析水为四，而锐刃其西，以劈水怒。四环
> 顺列，一脊穹起，植栏两翼，其广可以行四车。……桥之成，
> 国家之福，民庶之力。

元代所建的安阳桥为三墩四孔，桥身北高南低，酷似一条头北

① 方策、王幼侨修：《续安阳县志》（民国），卷三，《地理志·山川》。
② ［元］许有壬：《至正集》，卷三七，《彰德路创建鲸背桥记》。

尾南的巨鲸横卧于洹水之上，远观石桥宛若水中之鲸背，故名"鲸背桥"。宏伟壮观的鲸背桥下，汹涌的波涛至桥墩处分流而下，春水秋波，波澜壮阔，是为"彰德八大景"之"鲸背观澜"。

关于鲸背桥，民间还有一段美丽的传说。当年明太祖朱元璋打天下时，被元军追至洹河岸边，前临滔滔洹水，后面敌兵追至。朱元璋仰天长叹："天不助我也！"话音未落，但见天边顿现五彩祥云，河面升起霞光万道，一条巨鲸浮出水面，护佑朱元璋和他的军队顺利渡河。后来朱元璋坐拥了天下，成为明代开国之君。

明清两代，历任彰德府知府曾组织人力多次修葺石桥。明代崔铣《彰德府志》（嘉靖）卷一《地理志》载："鲸背桥，在府城北四里，元至元间建，有许有壬碑。大明弘治六年知府鲍恺重建。"

清代《安阳县志》（嘉庆）卷十三《古迹志》记述：

> 安阳桥，在县北五里。桥长亘十五寻，石涵七孔，碇基于渊，两端砌岸。一脊穹起，植栏两翼，其阔可并行四车，为全县石桥之冠。

这里说的"县北五里"，当指城内之县署。"桥长亘十五寻"，是指当时桥梁的长度，古代的"一寻"长八尺，清代的老安阳桥，桥长不足50米。1929年，桥梁的石栏杆被洪水冲毁，后重修。1937年11月，日寇侵占安阳，国民党军队撤退时曾炸毁老桥南段两孔，以期御敌。抗战胜利前夕，行将溃败的日寇又将当时临时修复的桥梁毁坏。1951年，安阳市人民政府修复了千疮百孔的安阳桥石拱桥。修复后的安阳桥，长109.8米，宽10米，高8米。

今天人们看到的桥下七孔涵券，中间的涵券比旁边的稍微高大一些，净跨径为9.1米，边孔跨径在8.1—8.6米之间。清末民初直

鲸背观澜安阳桥

至新中国成立初期，洹河航运发达，其下游经楚旺入卫河可抵达天津。当年的郭家湾、安阳桥附近均建有水运码头，安阳桥的桥涵之下能通货船，桥涵中孔可供较大的船只通行。古代修建的桥基和涵券均由大块条石砌筑，缝隙用石楔卯接连在一起，非常坚固。桥墩下面的基座，两面均砌成直角分水尖，以利行洪。这样宏伟壮观的石桥，不仅是"全县石桥之冠"，在当时也是豫北名桥之一。

安阳桥还有一个特殊的称谓"御路桥"。清光绪二十七年（1901年），慈禧太后、光绪皇帝"西狩"返京途中，道经安阳，曾将老城内西华门街的文昌阁作为临时行宫。回銮的圣驾经过洒扫一新的安阳桥，这座桥因而有了"御路桥"的别称，桥北西侧与道路平行的排水渠也被冠名为"御路沟"。往昔安阳桥桥面两侧的石栏杆上，雕琢了近百个形态各异、活灵活现的石狮子。这些雄狮有的在嬉戏，有的在沉思，造型精美，气度不凡。可惜桥梁经过历次重修，这些珍贵的石狮子早已不知所踪了。

安阳坊间有"安阳桥，七孔券，三孔流水四孔旱"的说法。这句民谣仅指洹河安澜的枯水季节。古往今来，洹河也曾桀骜不驯，水患频仍。古代安阳桥南端的"鲸尾"之处，最早建有长长的漫水石坡以泄洪。桥南还建有一座大王庙，门前矗立着高大的石牌坊。这些景象，在 20 世纪 60 年代初修建洹滨南路时已经消失了。1964 年，与七孔旧桥浑然一体的三孔钢筋砼梁式桥取代了原来漫水石坡的凹型桥面。安阳桥加长至 153.7 米，宽 10.6 米，满足了交通需求和泄洪功能。1988 年安阳桥改扩建，将桥面东

鲸背桥南石牌坊

西两侧各加宽 3 米，桥长仍为 153.7 米；桥宽达 16.7 米，其中车行道宽 7 米，两侧人行道各宽 4.85 米，再次提高了桥梁的行洪和通行能力。夜晚璀璨的景观照明，桥廓倒映于波光粼粼的洹水之中，越发显得绚丽多姿，古老的安阳桥焕发出青春的容颜。

安阳民间有农历正月十六到安阳桥赶庙会"遛百病"的习俗。每年的这天清晨，城内万人空巷，人们纷纷涌向安阳桥。安阳桥古

春日的安阳桥古庙会

庙会上熙熙攘攘，摩肩接踵，蔚为大观。各种诱人食欲的风味小吃和精湛的民间手工艺品，竞相登场亮相。安阳桥庙会到午饭后达到高潮，逛庙会的人们一般要到袁林附近买上一束柏枝儿，用红绳儿系着，企盼来年的生活更加平安富足。

一座桥梁贯通洹河南北，连接历史与未来。如今的安阳桥，河水潺潺，风光秀美，两岸是大片葱茏的游园绿地，成为古都安阳的一处胜景。

第六章

明清民国时期的彰德

明太祖洪武元年（1368年），明将徐达从汴梁（今河南开封）出发，攻取河北的卫辉、彰德诸路。洪武九年（1376年）彰德府及其属县改属河南布政使司，至清沿袭不变。这是安阳沿革史上一大变迁，因为自汉代以来，漳洹流域一直是河北大政区的一部分。明清两代的安阳城为彰德府治所，府县同城。明仁宗洪熙元年（1425年），建赵王府于旧彰德府署。清代安阳城内街道格局渐次形成，清光绪三十二年（1906年）京汉铁路建成通车，并设彰德车站，为安阳经济发展注入新的活力。

明崇祯九年（1636年）《河南地图》（局部）

一、规制严整彰德城

　　明清时期的彰德府城仍为河朔重镇，豫北商埠。明太祖洪武八年（1375 年），将相州城改筑为彰德府城，明宪宗成化十三年（1477 年）重修。清代康熙十六年（1677 年）、五十二年（1713 年）和雍正七年（1729 年），先后三次重修彰德府城。多次重修的彰德府城，因城池形制规整、布局严谨，成为中国古代北方府城的典型范例。

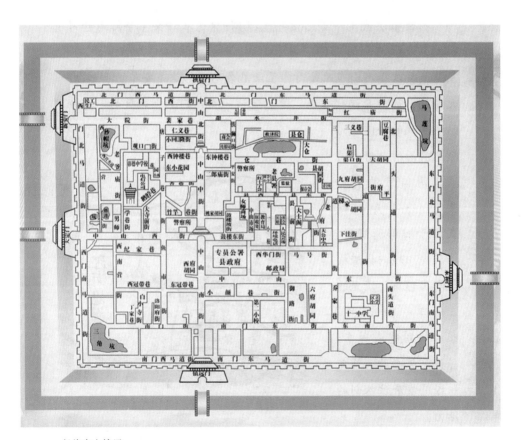

彰德府古城图

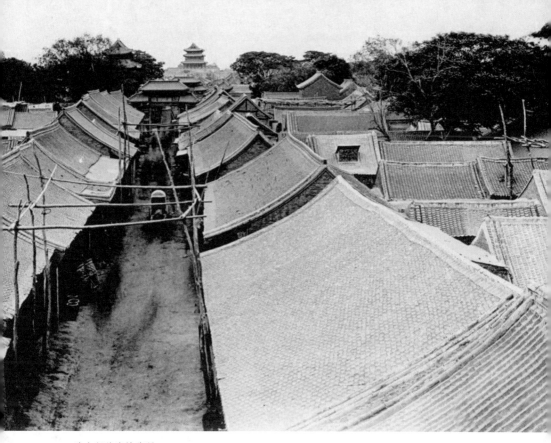

清末彰德府城街景

民国彰德府城门、街景

　　明太祖洪武初年，在唐宋相州城的基础上改筑彰德府城，护城河以内的城池轮廓和范围保存古制，成为现今的明清彰德府古城。这是一座典型的北方方正城池，开辟四座城门，城围9里113步（实测为6.6公里），面积约2.4平方公里。城外万金渠水系环绕，护城河与城内坑塘相贯通。城内南北大街是一条纵贯老城的中轴线，自北向南依次分布着拱辰门、钟楼、鼓楼、镇远门。城内街道井、片、丁字街错落有致，有着"九府十八巷七十二胡同十八罗汉街"之称谓。城内府署、县署、文庙、学宫、城隍、寺塔、庙宇、书院、贡院、仓廒、府库、文昌、魁星等建置遵循礼制。城墙、角楼、城门与文峰塔、高阁寺、钟鼓楼形成美丽的天际轮廓，从高大的礼制建筑到民居院落，到城墙的围合、水系的贯通，主次分明，建置有序。民居建筑以古色古香的北方传统四合院为代表。

　　清代安阳城仍为彰德府治所，领安阳、汤阴、林县、临漳、内

鼓楼旧影像

钟楼旧影像

文峰耸秀

春观高阁

影摄府城隍庙

黄、武安、涉县等七县。城内街衢纵横交错，东府西巷。到清末光绪年间，安阳境内的京汉铁路通车，计长 37.5 公里，设彰德车站。又有支线铁路通六沟河煤矿，京汉铁路的建成给安阳经济发展注入了新的活力。当时洹河是安阳境内的重要水运航道，下游至内黄入卫河，南至楚旺、道口，北至天津，有商船往来，水陆交通便利。清末宣统元年（1909 年），袁世凯"回籍养疴"，隐居于安阳洹上村。民国初年废府制，1913 年设安阳县直属河南省，曾先后隶属豫北道、河北道。1932 年 10 月，民国政府在省下设区，安阳城成为河南第三区行政督察专员公署驻地，领周围 11 县。1933 年 1 月，浙江黄岩人方策履任行政督察专员兼安阳县县长。侵华日军占领安阳时期，曾改名为彰德县，后复名为安阳县。

1949 年 5 月 6 日安阳城解放，以城区及四关设置安阳市，原太行五专区改称安阳专区，同属平原省。1952 年 11 月平原省撤销，安阳市改属河南省。

洹园宿云阁

二、惊艳安阳八大景

2012 年秋，一座高耸的"宿云阁"在有着"邺下胜境"美誉的安阳洹园内建成。登楼远眺，心旷神怡，洹河两岸景色如画，古都风光一览无余。宿云阁首层内壁，四面彩绘古代安阳八大景，那些遥远的美景，往昔也曾现身城南三角湖公园的环湖长廊。20 世纪 80 年代原址复建的城内钟楼之上，同样浓墨重彩描绘着安阳八大景。可见安阳人对曾经引以为傲的古代优美景致，是多么的眷恋和神往。世事变迁，沧海桑田，安阳八大景的绝代风华，早已湮没于岁月的深处。洹上邺下那久远的风花雪月，风姿绰约的美景，只能任由今人遐想……

古代"安阳八景"有不同的版本。据安阳历史文化学者许作民考证，安阳八景的最早出处应为明成化年间（1465—1487 年）的《河南总志》，书中记载的"彰德八景"为：

太行叠翠　　洹水流清　　釜山石鼓　　饿谷金灯
商王旧都　　魏公故宅　　豹起遗渠　　乔固荒冢

明嘉靖年间（1522—1566 年），彰德赵王府第六代赵王朱厚煜重新选定了"安阳八景"，它们是：

鲁山晴岚　　拔剑灵泉　　万金惠渠　　漳河晓月
古庙夕阳　　西陵遗冢　　三台旧迹　　龙潭瑞泽

清代又出现了新的安阳八景。清乾隆五十二年（1787 年）《彰德府志》卷首《图说》[①]，载有"鹿苑春晖""鲸背观澜""柏门珠沼""漫水长虹""韩陵秋霁""漳河晚渡""善应松涛""龙山积雪"八幅景致图。这部府志虽未提及"彰德八景""安阳八景"的称谓，而现代人所说的"安阳八景"或曰"安阳八大景"，在清代前期就已经出现了。以下摘引八景及其图说，从优雅的古代文字中，仍可体味到安阳八景的华美风姿。

---

　　① ［清］卢崧监修：《彰德府志》，九州出版社 2021 年版，乔利军点校本，第 45–52 页。

鹿苑春晖

鹿苑春晖　郡城北之大生堂，于平芜千里中高楼特起，四洞无涯。东北燕齐野接，西南梁卫云连，若邺台相垒，尤历历可指数。彼夫夏云秋月以及冬雪，三揽胜于斯楼者美不胜收。惟春野朝曦，春林夕照，则波澄草绿，麦翠花红，尤觉太和元气之冲周于俯仰间者，悉会萃于此楼也。爰命图之。

鲸背观澜

鲸背观澜　洹水绕城东北，上架石梁，若鲸之背。子午通津，会归孔道也。当夫春水秋涛，浪白波青，潆洄于虹影之下。于斯时也，或感济川而念切，或瞻鸥泛而情遥。功施利济盖不独逝者如斯，本者如是已也。爰图厥胜而为之说。

柏门珠沼

柏门珠沼　珍珠泉在水冶城外，有塘环曲数十丈许，浅而不涸，游鱼可数。泉从塘底沙中处处喷涌如珍珠，云影星光，与波相映。泉上有亭，古柏森绕，虬挐异状，各表其奇。当亭一柏，独干双根，又穿行其中，谓之柏门。上干挺直，于霄门左右二枝平对，曲拳如臂。前后古柏俨如护卫，灵源之上有此灵木，憩息于此，酌泉烹茗，脱然洗尘俗之念矣。

漫水长虹

漫水长虹 漫水桥在郡西三十里。自郡入水冶，至固县渡洹河，不可方舟。初架石梁，恒为水所冲啮，于是改置平桥，卑于岸。夏水涨时，从桥上漫过，得不坏。岸西普善精蓝，高数十级，从雉堞上俯瞰，长桥宛如卧虹。涨流既退，波澜潋潋。对岸陡峻如岗峦，树林阴翳，黍粱稠密，遂成佳境。

韩陵秋霁

韩陵秋霁　郡东北十七里许有韩陵山，旧传淮阴侯屯兵处，后魏高欢破尔朱兆于此，古战场也。承平日久，尘氛荡涤。当秋日悬辉，登高明而驰眺望，林泉疏爽，夷犹潇洒，觉中心澹远，几忘古昔之喧嚣者。惜乎！徐孝穆当日但见子昇片石，而不获与观斯景也。故表而出之。

漳河晚渡

漳河晚渡　丰乐镇之漳河合清浊之双流，为郡巨浸，南北舆马莫不于兹卬须焉。自晨兴，鼓楫往来绎络，固可以睹恬熙觇顺轨矣。若夫夕阳在山，人影历乱，斜辉映树，反照入波，觉水逝云归，神怡心旷。斯一郡之大观也已。抚斯图也，得毋有临流思赋者乎？

善应松涛

善应松涛　洹水洑流出善应山，山岗重复，游人每探奇于此，身入画图，给赏不暇。尤多古松，如彭聃、九老与人相揖让。如谱琴瑟，如吹笙竽，如咽寒泉，如喧飞瀑，令人仰听。如苏门清啸作鸾凤之音，如鸣秋之风集夏之雨。惊其骤至，不知在林壑间也。

龙山积雪

龙山积雪　善应山西十五里曰龙山，左思《魏都赋》所称"虎涧龙山"是也。山高五里，周回十里。冬雪霏微，屹然玉立。晴霁后，山骨稍露，余雪未消，又若元人粉笔皴染帧幅，缥缈玲珑，景光入妙。惜无高手画师为之临本耳。

清代安阳八景及其图说流传至今，历来为人们所津津乐道。位于府城北关外的大生禅寺，又名"大生堂"，为安阳八大景之首"鹿苑春晖"之所在。1932年已拆除无余，故址在今红旗路与人民大道交会处东北隅。新中国成立后在这一带新建了"二旅社"、蔬菜公司，今天已改建成为尚都花园小高层住宅区。

古老的"鲸背桥"，又名"安阳桥"，位于今安阳城北洹河之上，桥北有安阳桥村，古代为贯通安阳城南北的唯一官道。今天的洹河早已波澜不惊，老桥历经改建重修化作坦途，唯有那桥下的七孔涵券和石砌分水尖，默默地向人们述说着曾经的沧桑往事。

"柏门珠沼"故址，今天辟为"珠泉公园"。当年的古柏已趋枯萎，泉水也小了许多。"漫水长虹"在今安阳县曲沟南固现村西洹河上，漫水桥已逐渐废弃。

今天人们常说的"韩陵片石"为安阳八景之一，府志所载景名叫"韩陵秋霁"。许作民认为，两景名所说秋天的环境、气象一致，景名应主要代表景物的环境和景象，"韩陵片石"似不能完全起到这一作用，故应正名为"韩陵秋霁"。不过，今人已习惯称作"韩陵片石"。

安阳县北部丰乐镇村漳河畔，田畴沃野早已湮没了"漳河晚渡"的渔歌唱晚。安阳县善应镇南海泉畔郁郁葱葱的"善应松涛"，已失去昔日的松涛林茂。龙山位于安阳县善应镇北，自然环境的积雪早已消融，唯山北之朝元洞庙宇终日香火缭绕。由于时代和环境的变迁，昔日安阳八景大多已化作一个个美丽的传说，今天人们只能从上述志书及其图说中的古代文字，去遐想它们的绰约风姿。

以安阳八大景为基础，当代人选出的古今安阳十八景为：

南海奇观　二帝圣陵　帝都殷墟　甲骨铜鼎　羑里易经

漳河遗迹　宝山石窟　明福寺塔　瓦岗遗风　修定寺塔
柏门珠沼　昼锦三绝　文峰耸秀　精忠岳庙　人工天河
林虑胜景　洹上袁林　洹园湖光

安阳山川秀美，历史悠久，文化灿烂，人杰地灵。今世又出现
了众多新的有代表性的自然人文景观，期待今人能够遴选出古今结
合的"安阳新八景"。

三、邂逅十六小景致

古代安阳八大景，那些让安阳人魂牵梦萦的优美景致大多
已经消逝。饶有兴味的是，除了前述几个不同版本的安阳八大
景之外，民间还流传着"安阳十六小景""安阳八小景"的传
说和故事。

参考相关文献资料和民间口碑记述，"安阳十六小景"如下。

文峰耸秀　有着千年历史的文峰塔，原名"天宁寺塔"。五代
以来，"洹河塔影"成为安阳城的标志和象征。每年初夏端午时节，
日出东方，艳阳高启，塔身塔刹倒映在褡裢坑之间的石桥之上，犹
如巨笔枕落笔架，气势恢宏，风光秀美，也喻示着文风鼎盛，人才
辈出。清代乾隆年间（1736—1795 年），彰德府知府黄邦宁主持重
修天宁寺塔后，缘此祥瑞景致，在古塔门楣上题写了"文峰耸秀"
四个大字，为千年古塔平添了不少厚重的文化意蕴。

瞻天尺五　安阳老城中的钟楼，始建于明代弘治年间（1488—
1505 年），由彰德府知府刘聪主持修建，位于古城南北轴线的中
部，今北大街、中山街与东、西钟楼巷交会处。清代康熙年间

149

（1662—1722 年），知县彭元一捐俸重修。知府卢崧为钟楼题写的匾额为"瞻天尺五"，意为站立楼台四角仰望钟楼高耸之飞檐楼脊，好似离天仅一尺有五，使人陶然忘机，飘飘欲仙。民间相传每年农历夏至午时，钟楼呈现出四面无影的独特景观。

铜鼓滴漏 鼓楼位于安阳古城的中心地带，其上安装着"铜鼓滴漏"的报时装置，偌大铜鼓之上高悬储水容器，每隔一个时辰，滴下一颗水珠，水珠下落到铜鼓上，砰然作响，用以报时。

昼堂书灯 又名"昼锦书灯"。位于老城东南隅的昼锦堂和韩王庙，为北宋名臣安阳人韩琦的祖居故地。民间相传，少年时的韩琦曾在这里读经习文，演武学艺，还亲手栽植了两株槐树。清代将这里改设为昼锦书院，千百年来这里书香传承，文风鼎盛。

福会正中 城内平安街邻近县西街的福会寺，是一座历史悠久的佛教寺庙，昔日信众如云，香烟袅袅。因其位于安阳老城的正中心位置，"福会正中"缘此成为安阳十六小景之一。

五更滴露 昔日城内平安街北端丁字街口路东，有一座古老的二郎神庙，是祭祀二郎神杨戬的庙宇，二郎庙口街由此得名。民间相传每逢深秋时节五更时分，庙门口的石阶上露珠莹莹，犹如颗颗珍珠，因名"五更滴露"。

春观高阁 高阁寺又名"大士阁""观音阁"，位于明代彰德府署内，是府城内一座高台楼阁式的标志性建筑。重檐九脊琉璃覆顶，石栏围护游龙须弥，三十二阶白玉石阶，建筑宏伟高耸，素有"小龙亭"的美誉。昔日阁东池塘清水荡漾，倒映高阁，暮春时节，宛若一幅美不胜收的画卷。

上柏无霜 城区西北的上柏树村，古时候松柏参天，因名上柏树。由于植被繁茂、遮日蔽月的缘故，上柏树冬日无霜，遂为一景。

白塔俊雪 位于城内西冠带巷的乾明寺塔，又名"小白塔"，其东侧的白塔寺街因塔得名。白塔始建于五代后周显德年间（954—960年），元代重修，距今已有千余年历史。白塔高约12米，通体用白色石料砌筑，须弥宝座，形似宝瓶。塔身每个转角下有力士撑托，两层塔基雕刻浮雕图案。塔身中间面南佛龛有佛像端坐，神态悠然，栩栩如生。冬日瑞雪映衬，古塔白雪交相辉映，显得分外俊俏。

仙鹤来朝　又名"鹤楼淡月"。安阳老城南的相州外城又叫"南小城"，其中的井楼、戏楼、井楼桥、火神庙等为著名景观。始建于明代的来鹤亭，位于古井之侧，相传为明代大儒安阳人崔铣少时读书习文的处所，周围流水潺潺，古柏森森，风光宜人。民间传说当亭子即将落成之时，有两只仙鹤翩然而至，落于亭上，此为祥瑞吉兆，因取名为"来鹤亭"。后亭废建楼，因名"来鹤楼"。

夜静双更　晨钟暮鼓，日暮夜更，为古代计时报时的传统规制，官府雇用的更夫夜间敲梆报时，以祈求平安。昔日安阳老城的东大街西段有一座跨街更楼，名叫"打更楼"，临近旧彰德府署，为全城更楼之冠。这座打更楼消失于1936年。所谓"夜静双更"，是指冬季每天夜晚从亥时起更，不打一更。民间相传安阳地处黄河故道，如打一更，便会引来肆虐的黄河水，泛滥成灾，殃及百姓。

泮池相会　古代城隍和文庙学宫恢宏殿宇门前的水池，称为"泮池"。城隍是一座城池的守护神，抑恶扬善，护佑生民。学宫也称"泮宫"，是城内传习儒学、祭祀孔子的场所。殿宇坐北朝南，泮池东西分列，中有三孔石桥，将泮池一分为二。这一景致有着美好的蕴涵，意谓莘莘学子身居庙堂，学业有成，前程似锦。

魁星取水　安阳老城东南城墙角上面的角楼，又名"魁星楼"，取意魁星取水，鱼跃龙门。昔日楼内有一尊泥塑钟馗，手执判笔，面朝西北，阁前城内东南营有一汪池水，远观钟馗，好似欲向池内蘸墨书判，因而得名。

秋口无月　安阳城北郊的秋口村，距城区约 15 里，南滨洹河，水草丰茂。每年深秋时节，由于昼夜温差较大，夜晚的河水氤氲着湿气，薄雾升腾，遮蔽月光，"秋口无月"缘此得名。民间传说三国名将关羽斩貂蝉于月黑风高之夜，就在此地。

八角古井　安阳老城南关一带，唐宋时期为相州外城，也称为"南小城"。昔日南关分布着许多庙宇，其中观音禅寺（一说为天齐庙）内有一座著名的八角古井，井台砌成八角形状，井上木亭翼然，亭内顶端的藻井雕刻着一尾栩栩如生的彩龙，映入古井。水舞龙跃，犹如苍龙翻腾于井水之中，蔚为大观，这一景致于民国年间毁于战火。

铜台望月　距彰德府城东北约 18 公里的临漳县东南，为曹魏邺北城的三台遗迹，今有村庄仍名"三台村"。铜雀台位于故邺城西北城垣处，在三台中居中，雄伟高大，巍峨耸峙于邺北城之西北隅。在平旷沃原的邺中，曹操所筑铜雀三台既是军事设施，又是歌舞宴乐、把酒临风的佳处。曹操从北匈奴解救归汉的蔡文姬，曾在铜雀台演绎她的千古绝唱《胡笳十八拍》。"舞榭歌台，风流总被雨打风吹去。"[①]铜雀台成为历代文人墨客登台赏月、发思古幽情之地。

"安阳八小景"有不同的记载和版本，比较通行的说法为：

五更滴露	上柏无霜	秋口无月	仙鹤来朝
瞻天尺五	昼堂书灯	文峰耸秀	夕阳返照

---

① ［宋］辛弃疾：《稼轩词》，卷二《永遇乐·京口北固亭怀古》。

"安阳八小景"中，古城的文峰塔、钟鼓楼、昼锦堂，南城的来鹤楼等重要景物囊括其中，还包含南关天齐庙及城郊的一些景致。其中，"夕阳返照"谓城内西钟楼巷路南、巷道内平滑如镜的古碑石壁在夕阳西下时日影折射，返照至对面房屋的景观。此系民间传说，今已无从考证。

安阳十六小景及八小景的名气和影响远不及安阳八大景。八小景又多为十六小景所涵盖，它们也是安阳历史上优美自然人文景观的浓缩。虽然其中大多数景致已具有了传说的意味，但它们曾经在这座城市中真实存在过，仍传递着关乎安阳山川风物、人文记忆、地名沿革的厚重历史文化信息，诠释着古都安阳厚重的历史人文蕴涵。[①]

四、洹河的舟楫帆影

古老的洹河曾经是安阳境内一条重要的水运航道。清代至民国时期，洹河下游至内黄入卫河，南至楚旺、道口，北至天津有商船往来，水陆交通便利，成为商品流通贸易的交通要道。

自安阳城郊郭家湾以东的洹河下游，河槽较深，冬季不封冻，自然落差小，水量充足，水流平稳，适宜航运。

洹河航运历史悠久，清初康熙年间（1662—1722 年），曾在万金渠首的高平村以下兴办航运。清末民国时期，洹河航运十分繁盛。1933 年《续安阳县志》卷六《交通志·航运》载："洹水为安

---

① 本部分内容参考了伯寅、鹤皋《古都安阳八大景色和十六小景色》，载政协安阳市文峰区委员会文史资料委员会编《文峰文史资料》第四辑，1994 年。

阳境内之最大河流，其下游由安阳桥东流一百四十余里，至内黄县界入卫河，南至楚旺、道口，北达天津，商船往来，运输便利。出口货物以煤、铁为大宗，入口货物以天津卫之盐、煤油为大宗。"除了以上大宗商品，洹河航道还转运大名府荆条等各种杂货。

洹河航运最大的货物集散地为安阳桥码头，其次是郭家湾码头。郭家湾码头位于距安阳老城西北约1公里处的洹河岸边，始建于清道光十年（1830年），旧称"老盐场"。食盐是中国古代官府垄断经营的生活必需品，这里因转运天津长芦盐场出产的优质海盐而闻名。自民国初年起，随着洹河航运的兴盛，又增设了安阳桥码头。两码头东西毗邻，一年四季百舸争流，它们都是利用自然河岸装卸货物，当年有同昌号、同兴号、同顺和等八大商号在码头上经营南北货物航运，生意兴隆。时有大小木船470余只，2500多人从事货物航运，年均货运量达百万余吨，其中食盐运量4000吨。地处洹河湾的郭家湾码头附近，分布着许多大小不同的货场。城北

安阳桥

昔日的洹河郭家湾码头

洹河航运

的豆腐营村，村西路北建有货房 30 余间，连接着码头，这是个仅有 80 余户居民的村庄，其中船户就占了 57 家。连同安阳桥、漳涧等村，船户合计约数百户，洹河航运之兴盛由此可窥一斑，当年民间还流传着"家有两顷田，不如一条船"的民谚。

昔日的安阳桥、郭家湾码头，也曾帆樯林立，货栈如云，商旅往来，贸易兴盛。蜿蜒百里的洹河航道舟楫首尾相衔，蔚为大观。安阳的水路舟船运输在历史上十分发达，洹河上游的善应小南海曾经是一个繁华的水陆码头，本地出产的煤炭、木材、粮食、山货、瓷器等经由水路行销南北各地。郭家湾码头对岸约 200 米处，就是天津大盐商何炳莹修建的豪宅别墅，后来被袁世凯购用，以此为基础，营建了洹上村养寿园。当年建造袁林所使用的建筑材料，大多是通过水路运输的。今天洹园内，圭塘桥以北的西岸条石遗迹，虽已岁久斑驳，依然讲述着当年洹河航运码头的繁华旧事。

洹河航道由郭家湾上溯至高平村，长 70 余里，称为"洹西航路"。明清两代，"洹西航路"舟楫载货往来穿梭，后逐渐废弃。1932 年，邑绅刘峰一、魏润琴、马绍波等人呈准河南省政府，集资改建沿河桥梁，恢复"洹西航路"，使洹河航运水道可到达府城西边的夏寒、曲沟、大正、高平、水冶各集镇。地处府城西南山地的天喜镇、三泉寺、小寒、善应、宝山等地出产的煤炭、石灰等矿产亦可顺流而下，经由卫河转运至南北各地。

1937 年 11 月日军侵占安阳后，用于航运的绝大部分船只被日军烧毁，船工四散逃难，洹河航运遭到毁灭性的打击。1949 年安阳解放时，洹河航运仅存破旧木船 4 只，其中 3 只搁浅靠岸，另外 1 只旧船在安阳县冯宿村从事散客摆渡。1958—1961 年，由于"大跃进"和"大炼钢铁"的需要，安阳货物运量激增，陆路运输十分紧张，沉寂的洹河航运一度得到恢复。1963 年 8 月，安阳一带连降暴雨，山洪暴发，河水漫溢，公路损毁严重，使得大批救灾物资不能及时运抵灾区。安阳专区交通运输指挥部与新乡航运管理处联合恢复洹河航线，日运输货物 200 吨。1965 年后，随着洹河上游修建水库蓄水，河道流量减小，水位下降，陆路交通运输渐趋发达，繁盛数百年的洹河航运逐渐落下帷幕。

五、京汉铁路与安阳

清光绪三十二年（1906 年）3 月 20 日清晨，京汉铁路全线建成通车。往日沉寂的彰德府古城，被一声粗犷嘹亮的汽笛声打破了寂静。一列钢铁蒸汽机车吞吐着白雾，缓缓驶入彰德车站。这一天，注定要被写入安阳历史。

清光绪年间（1875—1908 年），洋务运动蓬勃兴起，清政府利用比利时国借款修建京汉铁路。中国近代南北干线铁路开始建设，这条铁路全长 1214.5 公里，共设有 133 个大小车站。

地处豫北咽喉、交通要冲的安阳火车站建成于光绪二十九年（1903 年）。光绪三十二年（1906 年）春，京汉铁路全线建成通车。京汉铁路在安阳县境内长 37.5 公里，共设丰乐镇、彰德、宝莲寺三个车站，其中"彰德车站"沿用了当时彰德府的府治名称。清宣统元年（1909 年），清政府重金赎回了京汉铁路的经营管理权，彰德车站更名为"安阳车站"。

当年的彰德车站，为区间站的"宿站"，即夜间停靠机车的大站，也是从安阳经丰乐镇到观台、六河沟煤矿支线铁路的枢纽站。最初，车站只有三股道一站台，票房面积 25 平方米，每日开行"票车"（客车）4 列，日间行驶晚间驻停，年发送旅客 9.14 万人。

彰德车站站台

彰德车站旧影像

随着安阳本地粮食、棉花、煤炭、烟叶、药材的大量外运，京沪百货、布匹等工业品大量输入，货车开行的比例逐渐增多，车站增设了南、北两个货厂装卸货物，规模也随之扩大。北厂街、南厂街、京货街，商铺货栈云集，广销京沪布匹、百货。大和恒、普润面粉厂相继创办，南来北往的商旅，使车站附近变得日渐繁华。铁路带来的变化，让人们应接不暇，深刻影响着安阳古城。

大和恒面粉厂

百年安阳火车站有着光荣的革命传统，它见证了古城工运的肇始。1921 年 7 月中国共产党成立后，彰德车站机务段于同年 11 月成立彰德铁路工人俱乐部，这是中国共产党领导的安阳最早的工人组织，它的诞生为安阳党组织的建立创造了条件。1922 年 12 月，中共彰德车站党小组成立，这是安阳最早的中国共产党组织。在党的领导下，反抗剥削压迫的安阳工人运动波澜壮阔地开展起来。1923 年 2 月，安阳铁路工人参加了震惊中外的京汉铁路"二七大罢工"。1949 年 4 月，中国人民解放军第四野战军攻克安阳城外围四关后，解放安阳的攻城战役即将打响，车站附近的大和恒面粉厂的水塔和二层办公楼房，曾作为中国人民解放军第四十二军的军部指挥所。

安阳车站附近的义安里是一个"T"形的老街巷，它连通了车站北侧的北厂街和解放路、戏院街。临近戏院街的普润面粉厂（后改为"安阳市挂面厂"），地处车站繁华地段，旧时多商铺客栈。北厂街有创办于 1915 年的大和恒面粉厂，后来改设为安阳市粮油机械厂。这条街通向机床厂北街和北小庄、高楼庄、北河头，是安阳车站附近早期兴起的工商业集聚区域。20 世纪 30 年代日本帝国主义发动侵华战争以前，安阳车站年货运量达 83 万吨，位居京汉线一等车站的前列。京汉铁路打开了安阳对外交往的大门，沟通了南北货物的交流，催生了安阳近代的民族工业，形成了西关、车站商圈，推动了安阳工商业的发展。

　　历经百年风雨沧桑，今天的安阳火车站已成为全国铁路交通网、京广铁路干线上的重要枢纽站。

20 世纪 50 年代安阳车站

六、点亮古城的电灯

"电灯房"是一个独具特色的安阳地名，起源于 20 世纪 30 年代，用来指早期的发电所。今天安阳城区铁西路平原制药厂一带，俗称"电灯房"。这里曾是"安阳电气股份有限公司"的旧址，也是城区较早成规模的发电处所。

安阳使用电力，肇始于清光绪末年创办的广益纱厂。1901 年，清廷工部、吏部尚书孙家鼐委派马吉森、徐仙洲、郑子固等人，筹资 200 万银元在河南彰德府城西北的洹河北岸，紧临正在修建的京汉铁路之处购地 350 亩，动工兴建了广益纱厂。建厂的同时还设立了发电所，安装 470 千瓦发电机组和锅炉各一台，电灯 1500 盏供全厂使用。1903 年广益纱厂建成投产，豫北安阳首现电力事业。清宣统元年（1909 年），袁世凯下野隐居洹上村，规模宏大的养寿园内使用电灯照明和电报设备，开私人宅邸用电之先河。彼时，偌大彰德府城内外的官府民宅，夜晚仍在使用汽灯或煤油灯照明，"洋油"在当时是民众生活的必需品。

清宣统末年，安阳商绅刘冠瀛等人在城内文峰塔旁的天宁寺院内集资创办发电所，名为"中兴电灯公司"。1912 年，公司建成发电，点亮了安

广益纱厂历史建筑遗存

天宁寺院内电灯房旧址

阳古城的第一盏电灯。由于时局动荡，发电所经营管理和机器维修不善，中兴电灯公司时开时停，前后大约经营了20年。这座位于天宁寺院内的发电所，在当时也被称做"电灯房"，安装有锅炉蒸汽引擎直流发电机组，敷设低压配电线路约7公里，主要向城内的唐子巷、中山中街、中山北街、中山南街、中山西街东段、中山东街、东钟楼巷、鼓楼东街、鼓楼坡街，东大街的专员公署、县政府和女子师范学校、平市商场、中山市场等城内重要官府和商业集中区域供电。中兴电灯公司于1932年停业，1933年由安阳电气股份有限公司并购。

从1928年北伐战争结束至1937年日本发动全面侵华战争，安阳市的城市工商业得到了初步的发展，用电需求大为增加，中兴电灯公司的发电量早已不敷使用。1930年，由本地工商界人士李拂尘发起，安阳"同裕和"银号总经理王静澜等人集资，向河南省政府呈文立案，筹建"安阳电气股份有限公司"。当年在安阳铁路以西今平原制药厂一带购地6亩，盖房47间，兴建发电厂。购进德国克尼修式锅炉一台，125千伏安三相交流发电设备，新架设高低压输电线路8公里。1933年10月，安阳电气股份有限公司建成投入运营，配备单相变压器9台，以2200伏高压线路向安阳城区供电。高压输电线路从电厂出线，经由高楼庄南地至火车站老票房，再向东由西环城路进入新安门，经大院街、裴家巷至中山中街，与原中兴电灯公司的供电线路并网连接。供电范围增加了仓巷街、县东街、二道街、三道街、西华门街、县前街、甜水井街、仁义巷、纪家巷、西南营街的低压线路；还架设了一条通往洹北飞机场的供电专线。夜晚，城内繁华的中山北街、中山中街开始有了路灯照明。不过当时的电力主要供官衙、工厂和较大的商铺使用，居民用电者多为商绅富户，采用安装单相电度表和"包支"两种方式缴纳电费，"包支"即按灯泡的瓦数和盏数计量电费。由于电费较为昂贵，普通百姓人家是用不起电灯的。

1937年11月4日，日军侵占安阳，电厂设备、线路均遭到了严重破坏。入夜以后，城区内外漆黑一片。侵华日军为垄断安阳电

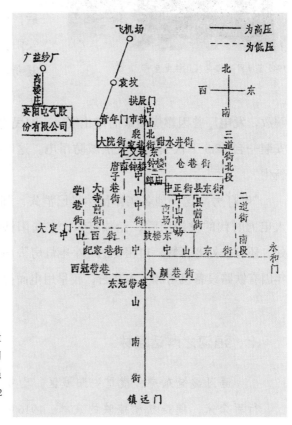

1930年安阳电气股
份有限公司高低压线路图
(源自安阳市城乡建设委员
会《安阳近代建筑》，1992
年编印本)

1949年9月安阳电灯厂恢复生产

力工业，对发电厂实行军管，安阳电气股份有限公司更名为"华北电业石门支店彰德营业所"后重新发电。1941年又更名为"彰德电灯厂"，直至日本投降。日军在垄断安阳市电力供应的同时，还向民众大肆倾销日货"亚细亚"牌煤油。抗战胜利后，彰德电灯厂由国民党安阳县政府派员接收，恢复原名。1947年至1949年春，安阳城周围先后解放，发电厂曾因燃煤短缺而停止发电，国民党守军在城内裴家巷安装一台62.5千伏安发电机供城防用电。这时的安阳城即将迎来新生。

"电灯房"这一地名实体虽然早已消失，却印证着古城安阳进入电力时代的发端历程。无独有偶，在安阳铁西路与新安街交会处，还有一处老百姓口口相传的"小电灯房"，但这里并不发电，早年因有铁路设备机房和工人宿舍，较早用电而得名。

七、洹河之畔话袁林

洹河蜿蜒东流，横贯安阳城区。由安阳桥北袁林路口西行百余米，便是松柏掩映的袁林。1916年6月6日，袁世凯在北京猝然殒命。北洋政府依照他"扶柩回籍，葬吾洹上"的遗令，委派时任河南巡按使田文烈董理负责"慎选堪舆，勘定吉壤，绘具详图，招商筑墓"①。同年8月23日葬袁世凯于安阳洹北预先堪舆选好的墓地。其后历时两年，耗资75万银元，建成了这座规模宏大的帝陵式茔寝。

袁林位于袁世凯隐居安阳时所建的洹上村东北隅之太平庄，南滨洹水，北枕北岭，东接御道，西依京广铁路，占地近139亩。在平旷的洹上沃原，这里的确是一处风水宝地。袁林以神道为中轴线，照壁、石桥、牌楼、碑亭、东西配殿、景仁堂、墓台等建筑依次分布其间，布局严谨，错落有致。整座墓园既承袭中国传统帝陵的建筑规制，又吸取了西洋建筑元素，中西合璧，古今并用，体现出鲜明的近代建筑特色。

高大的照壁位于袁林的最南端，神道轴线由此向北绵延1公里有余。照壁内侧砖雕工艺精湛，庄重典雅，是国内目前现存规模最大、纹饰最为精美的照壁之一。绕过照壁，沿神道北去，跨糙石桥、青白石拱桥，袁林的另一座标志性建筑——五门石牌楼便映入眼帘。与传统木、石结构不同的是，袁林牌楼全部采用钢筋混凝土筑就。当年，北洋政府专门进口了德国钢筋和日本水泥修建这座陵墓。六柱五门的高大牌楼雄居神道中央，它的每根柱子顶端都盘踞着一尊阔口仰面的神兽——望天吼，为这栋建筑增添了几许威严与神秘。

沿神道继续北行，牌楼两旁的汉白玉望柱、石像生、石狮、石马遥遥相对。"望柱"是袁林墓园的重要标志物，高一丈五尺，耸

---

① 李发军：《安阳史事与人物》，西北大学出版社2016年版，第338页。

俯瞰袁林

建成之初的袁林全貌

袁林五门水泥牌坊

袁林牌坊和石像生

立于基座之上。柱身六面满饰花纹，所采用的"十二章纹"是中国传统的帝王专用纹样，它以黼黻为中心，四周围绕日、月、星、龙等图案，经过能工巧匠的精雕细琢，构成了难得的浮雕佳作。神道两旁的文武石像生最能体现袁林的时代特色，它们和真人一般大小，身形略胖，身穿袁世凯执政时期的装束。文官头戴平天冠，身着祭天大礼服，袖手肃立，神态恭谨；武官身着北洋军服，腰扎皮带，手握军刀，威风凛凛。一文一武石像生，共同守卫着袁林，充分体现了袁世凯执政时期的仪仗和社会风貌。

碑亭是袁林的重要建筑之一。亭内伏卧着一座巨大的石雕赑屃。相传龙生九子，各有所好，其中赑屃喜好负重，所以人们便让它驮碑。在这个高达 5.5 米的墓碑上，雕刻着数条翱翔云端的蟠龙，更显示出墓主人非同寻常的身份。墓碑正面镌刻"大总统袁公世凯之墓"九个苍劲挺拔的正楷大字，出自袁世凯好友、继任民国

袁林碑亭

大总统徐世昌手笔。

　　转过碑亭，便来到堂院，堂院是袁林举行祭祀活动的场所。堂院大门为单檐歇山顶建筑，上覆绿琉璃瓦，面阔三间。堂院大门的每一扇门板上均排列着七七四十九颗铜门钉，体现出森严的等级秩序。堂院内部，由正面的景仁堂和东、西配殿组成。景仁堂坐北朝南，是当年祭祀袁世凯的飨堂，它面阔七间，进深三间，九脊歇山绿琉璃瓦覆顶，飞檐斗拱，雕梁画栋。在院内神道的中央，原来还陈列着一座风磨铜鼎炉，新中国成立前已散佚，目前只遗留下一个汉白玉的基座。

　　穿过堂院两侧的月门，便可抵达袁世凯的墓庐。眼前豁然开朗，一派西洋建筑风格，欧美式立柱、铁门，青石砌筑的墓庐，与前面的建筑风格形成鲜明对比。墓台前的铁门呈"山"字形，浑铁铸就，镶嵌在西洋式的白石双廊柱之间。铁门上端各有一个八角形

袁林西式墓门

的徽章，徽章中心的纹饰仍为"十二章纹"。袁世凯墓冢仿照美国第十八任总统格兰特的濒河庐墓形制，三层台阶之上的墓庐呈圆形，周围雕有十二尊西洋石狮，既彰显中国"皇家"气派，又区别于传统帝王陵寝，显示出墓主人的特殊身份。

袁林建筑群仿明清帝陵而规制略低，定名为"袁林"。那么它因何不称为"袁陵"呢？当初，袁世凯的长子袁克定也想效仿历代帝王将袁墓定名为"袁陵"。但袁世凯的老友徐世昌却反对说："项城生前称帝未成，且洪宪年号已取消，如若采用袁陵之名，实为不妥。林与陵谐音，《说文解字》上所载陵与林二字可互相借用。避陵之名，仍陵之实，这多好啊！"[1]徐世昌的一番话自然最有分量，于是袁墓便弃"袁陵"而改称"袁林"了。

袁世凯是中国近代史上的北洋军阀鼻祖、中华民国大总统，叱咤政坛，风云一时。他逼迫清帝逊位，编练新式陆军，建立现代警

---

① 刘志伟：《古都遗韵　百年安阳》，中州古籍出版社 2006 年版，第 105 页。

20世纪60年代袁世凯墓别称"三台风景"

察制度，开设新式学堂，兴办铁路，支持实业。但他企图恢复"帝制"的倒行逆施，冒天下之大不韪，也误了卿卿性命。1952年11月1日，毛泽东莅临袁林，他饶有兴致地观览之后，指示当地官员，要把袁林保护好，留作反面教材。[①]

2013年5月3日，国务院公布第七批全国重点文物保护单位名录，袁林以近现代重要史迹及代表性建筑位列其中。

---

① 郭新法：《毛泽东休息的七天》，河南人民出版社1994年版，第191页。

第七章

风姿绰约的古都安阳

1988 年 10 月，中国古都学会在安阳召开第六次年会，确定安阳为"中国七大古都"之一，从此安阳跻身中国大古都之列。安阳大古都，是由殷都和邺都组成的。在殷、邺和安阳的关系上，殷都废而邺城兴，邺城毁而安阳继。殷邺实为一体，不可分割。谭其骧、史念海、陈桥驿、胡厚宣、邹逸麟、葛剑雄等著名学者，均在不同场合支持安阳的大古都地位。安阳古都文化的核心内涵概括为"二都一城"，即殷都文化、邺都文化和古城文化。

一、安阳跻身大古都 [①]

2012 年是安阳市新方志编修 30 周年。30 年中，安阳修志工作取得了卓著成绩，硕果累累。安阳修志工作的一个显著特点，是修志工作与古都研究同时进行，有机结合。安阳成为中国七大古都之一，是安阳市地方史志办公室和安阳古都学会积极努力工作的结果。

---

① 本部分由吕何生供稿，略作改动。文章原名"阅尽人间春色的七朝古都——追记安阳跻身中国七大古都之经过"，刊于《安阳日报》2012 年 11 月 27 日。

安阳古都学会成立于 1986 年 3 月，依托于安阳市地方史志办公室。古都学会的成立，有力地推动了安阳古都研究的开展。学会成立不久，即于当年 6 月在安阳市林业局招待所召开了首次安阳古都学术讨论会。会议就殷墟和殷都、安阳与邺的关系、安阳名称起源及"宁新中"等问题进行了探讨。

1986 年第 3 期（总第 9 期）的《安阳史志通讯》编辑出版了《安阳古都研究专辑》，这一期专辑对安阳审批为国家历史文化名城起到了重要的作用。本专辑以大量史料论证了安阳是盘庚迁殷至纣灭亡，更不徙都的殷都，是魏晋南北朝时期的邺都。安阳是殷邺二都的所在地，殷邺实为一体。同年 12 月，国务院公布安阳为第二批国家历史文化名城。

1987 年 4 月召开的安阳古都研讨会，是一次极为重要的学术会议，会议邀请了一批知名专家学者来安阳进行实地考察和论证。

1987 年 4 月，安阳古都研讨会在安阳召开（安阳古都学会供图）

1987年4月，安阳古都研讨会期间，谭其骧教授（中）、史念海会长（左三）、葛剑雄教授（左二）等考察灵泉寺万佛沟（安阳古都学会供图）

1987年4月，中国古都学会名誉会长、复旦大学谭其骧教授为邺城遗址题词（安阳古都学会供图）

著名历史地理学家、复旦大学历史系教授、中国古都学会名誉会长谭其骧，著名历史地理学家、陕西师范大学历史系教授、中国古都学会会长史念海等，都在研讨会上作了重要发言。谭其骧先生指出："安阳不仅是我国最古老的都城——殷都，也是魏晋南北朝时的一个重要都城——邺都。安阳作为都城，时间有 300 多年。过去，人们在古都研究中把西安、洛阳、北京、开封、南京、杭州称为六大古都，这显然是一种疏忽，是不全面的，安阳完全有资格与以上六座城市并列，成为七大古都之一。"① 史念海也讲了话，表示同意谭其骧的意见。

1988 年，安阳市地方史志办公室、安阳古都学会编辑出版了两本《安阳古都研究》。其中内部编印的一本（是年 4 月出版）由谭其骧写了序文，文中称"安阳是中国最重要的古都之一"，理应成为中国七大古都之一。另一本《安阳古都研究》由河南人民出版社公开出版（是年 10 月出版）。

1988 年 8 月，为争取安阳参加《中国六大古都》电视系列片的拍摄，主持安阳市地方史志办公室工作的王世恩副主任等人，先后拜访了该电视系列片顾问史念海、陈桥驿、侯仁之。诸位顾问一致认为，安阳应参加该电视系列片的拍摄，并分别亲笔写信向河南省委宣传部表达了自己的意见。10 月 8 日至 11 日，在安阳召开了由北京、陕西、河南、江苏、浙江五省市电视台台长参加的电视系列片工作会议，经实地考察和专家论证，会议认为安阳应参加该电视片的拍摄，并同意将电视系列片的名称《中国六大古都》改为《中国七大古都》。

1988 年 10 月 12 日至 15 日，中国古都学会第六次年会在安阳

---

① 吕何生：《阅尽人间春色的七朝古都——追记安阳跻身中国七大古都之经过》，《安阳日报》2012 年 11 月 27 日。

召开。中国古都学会会长史念海在闭幕词中讲道：出席会议的各地学者充分肯定了安阳市区西北郊以小屯为中心的殷墟，是我国商代晚期的都城，且是我国目前有文字记载的，有实物佐证的第一座都城，安阳理应与北京、西安、洛阳、开封、南京、杭州并列合称为七大古都。这届年会正式宣布安阳为中国七大古都之一。

1988 年 10 月，中国古都学会第六次年会在安阳召开。本次会议正式宣布安阳成为中国七大古都之一（安阳古都学会供图）

1991 年 10 月，由杭州大学（今浙江大学）陈桥驿教授主编的《中国七大古都》一书由中国青年出版社出版。谭其骧先生在所作的序文中指出："殷和邺都是安阳的前身，安阳继承殷和邺成为河北平原南部太行山东麓的都邑。所以追溯安阳的历史，应该肯定它是公元前 14 世纪至公元前 6 世纪中国最重要的古都所在地之一。"

1992 年 7 月 25 日，《中国七大古都》出版招待会在北京举行，安阳市市长李祖卫作为七大古都城市市长在招待会上致辞。著名考古学家、甲骨学家、中国殷商文化学会会长胡厚宣亦到会，并做了

《我对安阳这一古都的认识》的重要讲话，肯定了安阳殷墟是自盘庚迁殷至纣之灭亡的商朝后期近300年的都城。

1993年5月，陕西师范大学马正林在《陕西师大学报》上发表《论确定中国"大"古都的条件》一文，对安阳列为中国七大古都之一提出异议。7月，针对马正林的观点，安阳古都学会召开工作座谈会，研究批驳事宜。8月，由张锦堂副市长带队，安阳古都学会一行13人出席中国古都学会西安年会。会上，复旦大学历史地理研究所所长邹逸麟教授作了题为"也谈安阳是否够格列为中国历史上的大古都"的发言，从多方面提出安阳够格列为中国七大古都之一的大量论据，得到与会专家学者的广泛认同。张锦堂副市长在会上代表安阳市人民政府和安阳古都学会，欢迎下届年会在安阳召开，这一倡议为大会所采纳。

1994年10月，在安阳召开了中国古都学会第十二届年会。会上，复旦大学葛剑雄教授摘要宣读了《论中国大古都的等级及其量化分析——兼答安阳能否列为"七大古都"》的论文，文章从建都时间、建都性质等九个方面进行量化分析，得出结论："安阳的综合指数高于杭州，列于'七大古都'是当之无愧的。"大会收到的许多文章对古都安阳够格列为大古都进行了深入论证，使安阳大古都的地位得到进一步巩固。

会议期间，由安阳古都学会主持召开了一次座谈会。史念海在座谈会上针对个别学者对安阳列为七大古都的质疑说道："安阳作为七大古都之一是肯定的，任何人是不能改变的。"对于"有人提出为什么要把邺计算在内？现在它属于河北临漳"的说法，史念海指出："这是现在的省的区划法，过去没有河北、河南这个概念。北周灭北齐，毁了邺城，把人都迁到相州来。很多人把安阳也称邺，安阳与邺城是不可分的，并不能因为现在有了分界线而不承认。还有人说现在安阳城不在殷墟上，还差 2 公里远，这更不能作为理由，西安离长安遗址还有 6.5 公里呢！"

这届年会还有一件重要事情需要提及，即针对全国一些地方破坏古都和文物的现象屡屡发生，会议一致通过了《关于进一步加强古都保护的呼吁书》。《呼吁书》严肃指出："保护古都安阳和文物古迹就是保护我们中华民族的光荣历史和传统文化，就是保护我们民族的瑰宝。""抢救古都文化迫在眉睫，刻不容缓。"为此，特向全国各级政府和社会各界发出强烈呼吁："立即采取有效措施，抢救正在遭受破坏的古都，使古都再现辉煌！"会后，新闻单位对这届年会作了大量报道，仅《光明日报》就在 11 月 1 日和 6 日两次撰文报道。

1996 年，马正林在《陕西师大学报》第 2 期上发表《殷·邺·安阳》一文，继续就安阳列为七大古都提出否定意见，其主要论点是"并不是在一个城址上前后相继或互相更迭而延续发展的"。邹逸麟随即撰写了《再谈安阳是否能称得上大古都》的文章，在《中国方域》1996 年第 10 期上发表。文中指出："邺城古址虽不在今安阳市县境内，但历史上邺与安阳的建制关系非同一般。"文章在列举了历史上邺与安阳数次交互更改名称和合并的事例之后说："1000 多年来，安阳与邺的关系是你中有我，我中有你。因此，以安阳纪念殷，有其方位上的条件；以安阳纪念邺，有其沿革上的条件。除非说殷、邺作为古都不值得纪念，如要纪念，非安阳莫属。""为了纪念殷、邺，将安阳列为历史上的七大古都之一的理由，是符合实际的。"

从以上所述的情况可以看出，安阳成为中国七大古都之一的道路并不平坦。回首往事，安阳人民永远不会忘记全国那些为安阳跻身中国七大古都而作出巨大贡献的专家学者。同时，安阳古都学会和安阳学人奋发有为的精神和辛勤扎实的工作，也为安阳跻身中国七大古都作出了历史性的贡献。

二、著名学者话安阳

在 20 世纪 80 年代以前，安阳作为中国大古都的历史地位并没有引起人们的关注。1981 年，著名历史地理学家谭其骧提出"安阳应为大古都"后，才引起学术界的重视和关注。后经广大古都文化学者的深入论证和安阳古都学会的积极工作，1988 年 10 月在安阳召开的中国古都学会第六次年会上，一致通过将安阳列为"中国七大古都之一"。从此，安阳作为中国大古都的历史地位得到了应有的确认。

（一）谭其骧论安阳

谭其骧生前担任复旦大学历史地理研究所所长、中国古都学会名誉会长，是中国"七大古都"的首先提出者。他提出"七大古都"的理论是一个长期研究、探索的过程，是经过深思熟虑的。早在 20 世纪 60 年代，他给复旦大学学生讲课时，就提出了"七大政治中心"说，用于区别当时流行的"六大古都"的提法。此后他逐渐形成"七大古都"的理

谭其骧教授

论学说，在 20 世纪 70 年代末他所作的学术报告中就已多次提及，并撰写了《中国历史上的七大首都》一文，发表在《历史教学问题》（1981 年第 1—2 期）上。1987 年秋，他在为《安阳古都研究》一书所写的序言中，全面而简要地阐述了他的观点。他说：

> 安阳是中国最重要的古都之一，是中原王朝七大古都之一。按建都先后次序排列，安阳西北郊的殷墟是商代后期的都城，比周代开始建都的西安、洛阳还要早，当然比六朝、辽、宋才建都的南京、开封、北京、杭州更早得多。按建都历年久暂计算，安阳虽比不上长达一千多年的西安、八百多年的洛阳、六百多年的北京，却比开封只有二百多年、杭州只有一百多年长得多。安阳的殷墟是商代二百七十多年的都城，市东北约四十里的邺故城，又是自曹操起，经历后赵、冉魏、前燕、东魏、北齐九十多年的都城，合计共有三百七十年，比南京作为六朝、南唐、明初、国民党政府的都城约四百余年短不了几十年。
>
> 从公元前十四世纪至公元六世纪二千年间，中原王朝曾多次建都于安阳，这是历史事实。但近几十年来，人们讲到中国古都，或称五大古都，或称六大古都，竟将安阳排除在外，这只能说是偶然的疏忽，极无理由可言。可是积非成是，要把流行了几十年的五大、六大古都说改正过来，倒不是容易的，还有待于古都学会和有关学术界的同志们，为安阳的古都历史，多做一些实事求是的阐述、评议工作。①

① 王世恩编辑：《安阳古都研究》，安阳市地方史志办公室、安阳古都学会 1988 年编印本，第 2 页。

1989 年 1 月 26 日，在为《中国七大古都》所作的序言中，谭其骧又讲了"七大古都"提法产生的过程：

到了本世纪 20 年代，学术界才有些论著将西安、洛阳、北京、南京、开封并列为"五大古都"；30 年代，又将杭州加入列为"六大古都"。此后六大古都即成为普遍流行的、得到大多数学者认可的提法，一直沿袭到 80 年代。但在 1983 年中国青年出版社《中国六大古都》一书出版之前一年，不佞已在《历史教学问题》上发表了《中国历史上的七大首都》一文。指出商代的殷和六朝的邺，就像西周丰镐、秦咸阳、汉唐长安一样，应视为同一个古都，其在历史上的重要性，至少不下于杭州。所以论述中国古都，应七大古都并举，不应只提六大古都。经过近几年来的讨论，1988 年 10 月，终于在安阳市召开的中国古都学会上，通过将半个世纪以来通行的六大古都的提法，改为七大古都。只是也像丰镐、咸阳、汉唐长安总提为今地名西安一样，殷邺也应改提今地名安阳。七大古都提法通过的同时，也就作出了请《中国六大古都》原主编陈桥驿教授新编一本《中国七大古都》，并由北京、陕西、河南、江苏、浙江五省市电视台合作摄制一部同名电视片的决定。[①]

……

七大古都的历史地位略如上述。接着便需要讨论两个问题：其一，为什么最早只提五大古都，随后改提六大古都，现在我们又要提七大古都？其二，七大古都与其他古都的区别何在？试为解答如下：

---

① 陈桥驿主编：《中国七大古都》，中国青年出版社 1991 年版，第 2 页。

一、20 年代之所以只提"五大古都"，是因为西安、洛阳、北京、南京、开封都曾经做过全国性的首都，而其他古都没有。30 年代之所以要加上一个杭州成为"六大古都"，是因为注意到了杭州尽管只做过半个中国的都城，其城市的繁荣昌盛程度，却不亚于、甚或有过于全国性的五大古都。并且和五大古都一样，到今天还是一个大城市。但既然提了杭州作为大古都之一，那就不该不提安阳。安阳之所以从 30 年代以来长期没人提起，一则当由于偶然的疏忽，再则由于殷、邺久已为废墟，近今的安阳又不是一个著名的大城市，一般人往往着眼于从今天的大城市谈古都，就难怪数不上安阳了。而我们现在要改提包括安阳在内的"七大古都"，这是因为谈古都首先应着重历史上的实际情况，不应以古都的后身今天城市的大小为取舍标准。在 6 世纪以前 2000 年中，殷邺应该属于第一等古都。由于近 1400 年来没有再成为都城，所以在整个中国史里便只能列为第三等古都了。但它的重要性应仅次于五大古都，比只作过南宋偏安江淮以南政权的都城杭州应略高一筹。①

二、尽管七大古都还可以分成三等，却有一个突出于其他古都之上的共同特点，那就是它们都是经过选择才确定下来的、统治边塞以内广大地域的都城。

盘庚舍奄（山东曲阜）就殷，曹操舍许（河南许昌）就邺，石虎自襄国（河北邢台）迁邺，慕容儁自蓟迁邺，高欢舍洛阳都邺，可见安阳是古代农业最发达的黄淮海大平原亦即"中原"的中心，所以多次被统治中原的王霸选定为宅都之地。②

---

① 陈桥驿主编：《中国七大古都》，中国青年出版社 1991 年版，第 8 页。

② 陈桥驿主编：《中国七大古都》，中国青年出版社 1991 年版，第 9 页。

（二）史念海议安阳

史念海会长

史念海生前担任陕西师范大学历史地理研究所所长、中国古都学会会长，是"七大古都"提法的积极促成者和决定者。20世纪50年代他就注意到了殷都和邺都的重要地位。20世纪80年代以来，他主持中国古都学会的工作，为安阳进入七大古都之列起了决定性的作用。1988年10月16日，他在中国古都学会第六次年会的总结发言中说：

> 安阳地区的以及其他各地的学者，以文献记载与考古发掘的材料为依据，还大量借助甲骨文与青铜器研究资料，充分肯定了位于安阳市区、以小屯为中心的殷墟，是我国商代晚期的都城，且是我国目前有文字记载的、有事实作证的第一座都城。此外，还对位于安阳以北三十多里的魏晋南北朝时期邺都兴起的历史原因与宫殿、园林布局特点等进行了研究。根据以上情况，大家普遍以为，安阳理应与北京、西安、洛阳、开封、南京、杭州合称为"七大古都"。①

1993年7月，史念海在《中国古都研究》第八辑发表的《中国古都概论》中说：

---

① 王世恩主编：《中外学者论安阳》，新华出版社1997年版，第35页。

既然有这样的差异，都城间大小之分自然是难免的。距今
60年前始有五大古都的说法。所谓"五大古都"乃是指西安、
洛阳、北京、南京和开封。约略过了10年，又有六大古都的
说法，这是在五大古都之外，又添上了杭州。这样的说法历
时较为长久，似已成为大多数学者认可的说法，直到1983年，
中国青年出版社因以《中国六大古都》为书名编印了一本有关
的著作。

　　……

　　像这样现在已经确定的最早古都，而且和它以后的邺联
系起来，它作为古都的年代就有351年，也是相当悠久的。可
是它不仅没有包括在五大古都之中，也未被收罗在六大古都之
内，这也许是当时定名时的疏忽。近几年来，学者间对此不断
讨论，佥认为有必要补苴这样的缺略。1988年中国古都学会
在安阳举行第六次年会，才正式通过将"六大古都"改为"七
大古都"，就以安阳和西安、洛阳、北京、南京、开封、杭州
并列，成为七大古都。其时，不佞亦参与这项决定，故能略事
追述。就在这次会议的上半年，北京、陕西、江苏、河南、浙
江五省市电视台，已经决定并开始拍摄大型电视片"六大古
都"，及中国古都学会第六次年会通过将六大古都改为七大古
都后，五省市电视台亦随即改"六大古都"电视片为"七大古
都"电视片。五省市电视台拍摄"六大古都"电视片时，同时
编印"六大古都"画册。电视片既已改称，这本画册亦一并改
为"七大古都"画册。可见中国古都学会第六次年会的决定是
符合公议的。①

---

① 许作民：《爱我古都安阳》，中州古籍出版社1999年版，第172页。

1996 年 3 月 30 日，史念海在为王世恩等主编的《中外学者论安阳》（新华出版社 1997 年版）所作的"序言"中说：

> 现在的安阳市，各项建设突飞猛进，经济兴隆，文化发展，亦有名声于国内域外，堪与殷墟前后相辉映。中国古都学会于 1988 年在安阳举行第六次年会时，正式通过以安阳与西安、洛阳、北京、南京、开封、杭州并列为七大古都。
>
> ……
>
> 安阳作为七大古都之一，不是空洞的虚衔，安阳确实有许多值得称道的地方。这几年来，中国古都学会的会员有所论述，中国古都学会以外的人士也有所论述，国内的学人有所论述，国外的学人也有所论述。论述的方面虽各有不同，但论述的道理都是很清楚的。不同的论述都说出：安阳不是一座普通的城市，它是源远流长的，可以上溯到三千年以前。[1]

（三）陈桥驿说安阳

陈桥驿是杭州大学地理系终身教授、中国地理学会历史地理专业委员会主任、中国古都学会副会长，他是"七大古都"的热情推动者和决定者。1991 年他主编了《中国七大古都》一书，他在该书的《后记》中说：

陈桥驿教授

---

[1] 王世恩主编：《中外学者论安阳》，新华出版社 1997 年版，《序一》第 2 页。

谭其骧教授的论断和我的拙见是一致的。据此，安阳完全有资格进入冠以"大"字的古都之列。

……

河南省和安阳市对此也认真从事，他们邀请史念海教授和我，以及上列全国5个电视台的台长和《中国六大古都》电视系列片的编辑们，于1988年10月上旬，到安阳举行了为期5天的现场考察和评议会，经过考察和评议，一致认可了安阳作为冠以"大"字的古都的事实。于是，上述5个电视台同意将《中国六大古都》电视系列片改为《中国七大古都》电视系列片。与会的河北美术出版社的几位编辑，决定利用电视系列片的成果，出版一种《中国七大古都》的画册。而我则在几个方面的敦促之下，也不得不重作冯妇，主编这一部现在展现在读者面前的《中国七大古都》。[①]

1993年10月，陈桥驿在台湾大型地理杂志《大地》月刊上刊登了《悠悠岁月话安阳》的文章。这篇文章以朴实的文笔，翔实的史料，配以30多幅彩色照片，再现安阳古都的宫殿、宗庙、王陵遗址、历史典故、文臣武将、人文景观、风俗民情等，以大量的事实，充分说明安阳不愧为中国七大古都之一。

（四）胡厚宣赞安阳

胡厚宣为著名历史学家、考古专家、中国社会科学院历史研究所研究员，生前担任中国殷商文化学会会长。20世纪30年代，他亲身参与了殷墟的考古发掘，对殷商文化有深厚的研究。1987年9月10日，他在中国殷商文化国际研讨会开幕式上致辞：

---

① 陈桥驿主编：《中国七大古都》，中国青年出版社1991年版，第341页。

安阳是我国一座历史文化名城，是我国第一个古都，是殷墟的所在，甲骨文的故乡。①

胡厚宣教授

1988 年 7 月 10 日，他为《安阳古都研究》题词：

六十年的考古发据，证明"自盘庚迁殷，至纣之灭，二百七十三年更不徙都"之说为不误，安阳殷墟是我国历史上第一个古都。②

1992 年 7 月 25 日，在北京五洲大酒店参加《中国七大古都》出版招待会上的讲话中说：

记得好像是在 1981 年或 1982 年，好友著名专家谭其骧教授在他撰写《中国历史上的七大首都》一文以前，从北京某一个招待所打电话问我："你看安阳算不算一个古都？"我说："从我参加殷墟发掘并研究甲骨文和殷商史几十年的体会，'盘庚迁殷，至纣之灭，二百七十三年，更不徙都'，安阳是商朝后期一个近三百年的首都，那是一点都不成问题的。"

……

我亲自参加殷墟发据的体验，越相信殷墟是商朝后期盘庚

① 许作民：《爱我古都安阳》，中州古籍出版社 1999 年版，第 174 页。

② 段长山主编：《安阳古都研究》，河南人民出版社 1988 年版，第 1 页。

迁殷至纣之灭的都城，所以商亡之后，才叫作殷墟。我这样认为，我们参加殷墟发掘的老领导像李济、董作宾、梁思永先生以及同事郭宝钧、吴金鼎、夏鼐等先生以及我们年轻的"十弟兄"像李景聃、石璋如、李光宇、尹达、尹焕章、祁延霈、王湘、高去寻、潘悫等先生，也都无一不这样认为。解放以后，殷墟发掘更有辉煌的成就，参加发掘的先生们，我想他们也无一不是这样想的。①

邹逸麟教授

（五）邹逸麟谈安阳

邹逸麟是复旦大学历史地理研究所继谭其骧后的所长、国务院学位委员会学科评议组成员、中国地方志指导小组成员，他是谭其骧"七大古都"学说的积极支持者。20世纪90年代初，邹逸麟应邀为《中国七大古都》撰写了《安阳》部分，他在书中写道：

自580年杨坚焚毁邺城后，千年邺都才成为一片废墟。隋唐以后，安阳崛起，经宋、元、明、清为相州、彰德路、彰德府治所，今邺都废址所在临漳县，历来为其属县。至20世纪50年代初废平原省，安阳、临漳才划属两省。就历史情况而言，安阳（殷）与邺虽相距20公里，然两者皆处于漳洹冲

---

① 许作民：《爱我古都安阳》，中州古籍出版社1999年版，第175页。

积扇，曾有过密不可分的隶属关系，如同关中平原的丰镐、咸阳、长安一样，是一脉相承发展下来的。安阳的历史，就应该包指殷都和邺都的历史，论建都开始的时间，安阳远比西安早200多年；论建都历时久暂，自殷算起，包括六朝时代的邺，合计370年，比开封、杭州要长得多。[①]

接着，他详细论述了安阳古都的形成，殷都和邺都的历史，隋唐以后安阳的变化等。最后还说安阳作为历史上最早的古都，至今留下了许多名胜古迹，有殷墟、三台残基、西门豹祠、文峰塔、赵王府、袁林等。

1993年8月，在西安召开的中国古都学会第十一次年会上，针对个别学者的误解，邹逸麟发表了《也谈安阳是否够格列为中国历史上的大古都》的论文，维护了安阳大古都的地位。

（六）葛剑雄评安阳

葛剑雄曾任复旦大学历史地理研究所所长、图书馆馆长，是国家有突出贡献的专家。他是谭其骧生前的助手，对谭其骧"七大古都"学说的形成有着深刻的理解，他竭力主张安阳为七大古都之一，维护安阳的大古都地位。1987年4月，在安阳召开的"安阳古都研讨

葛剑雄教授

---

① 陈桥驿主编：《中国七大古都》，中国青年出版社1991年版，第120页。

会"上，葛剑雄先生在发言中指出：

> 古都的现状固然重要，但古都的发展是一个历史的过程，我们要注意传统对现实的影响。历史的形成不是简单的行政区划就能改变的。比如邺城遗址现在并不是安阳的管辖范围，但是历史上却是一个整体。它不会因为今天行政区划的变化就把长期形成的传统，长期形成的文化心理磨灭。特别是我们讲历史的，把安阳和邺联系在一起看是合适的。[①]

1994 年 10 月，中国古都学会在安阳召开第十二次年会，葛剑雄先生对七大古都的等级及其量化分析作了具体评估，他提出：

> 安阳的综合指数高于杭州，列于"七大古都"是当之无愧的……至少可以说，安阳与杭州是不相上下的。[②]

三、千载诗话吟安阳

从玄鸟生商的美丽传说，到《诗经》歌咏的民风故事，古往今来，那些千载传颂的诗文佳话，连缀起安阳殷邺古都历史长河中的波光涟漪，从中能品味到安阳厚重历史文化积淀的馥郁芬芳。

---

① 王世恩编辑：《安阳古都研究》，安阳市地方史志办公室、安阳古都学会 1988 年编印本，第 12 页。

② 许作民：《爱我古都安阳》，中州古籍出版社 1999 年版，第 176 页。

（一）安阳诗词集萃

诗经·商颂·玄鸟

天命玄鸟，降而生商，宅殷土芒芒。

古帝命武汤，正域彼四方。

方命厥后，奄有九有。

商之先后，受命不殆，在武丁孙子。

武丁孙子，武王靡不胜。

龙旂十乘，大糦是承。

邦畿千里，维民所止，肇域彼四海。

四海来假，来假祁祁。

景员维河，殷受命咸宜，百禄是何。

释义：上天命令神燕降，降而生契始建商，住在殷土多宽广。当初上帝命成汤，治理天下管四方。发号施令为君王，九州尽入商封疆。殷商先君受天命，国运长久安无恙，全靠武丁是贤王。后裔武丁是贤王，成汤大业他承当。十辆马车插龙旗，满载酒食来祭享。领土辽阔上千里，人民定居这地方，四海之内是封疆。四方夷狄来朝见，络绎不绝纷又攘。景山四周黄河绕，殷商受命治国邦，邀天之福永呈祥。

黎 阳 作

［东汉］曾 丕

朝发邺城，夕宿韩陵。霖雨载涂，舆人困穷。

载驰载驱，沐雨栉风。舍我高殿，何为泥中？

在昔周武，爰暨公旦。载主而征，救民涂炭。

彼此一时，唯天所赞。我独何人，敢不靖乱！

公　宴

［曹魏］曹　植

公子敬爱客，终宴不知疲。

清夜游西园，飞盖相追随。

明月澄清影，列宿正参差。

秋兰被长坂，朱华冒绿池。

潜鱼跃清波，好鸟鸣高枝。

神飚接丹毂，轻辇随风移。

飘飘放志意，千秋长若斯。

铜　雀　妓

［唐］沈佺期

昔年分鼎地，今日望陵台。

一旦雄图尽，千秋遗令开。

绮罗君不见，歌舞妾空来。

恩共漳河水，东流无重回。

邺中赠王大

［唐］李　白

一身竟无托，远与孤蓬征。

千里失所依，复将落叶并。

中途偶良明，问我将何行。

欲献济时策，此心谁见明。

君王制六合，海塞无交兵。

壮士伏草间，沉忧乱纵横。

飘飘不得意，昨发南都城。

紫燕枥下嘶，青萍匣中鸣。

投躯寄天下，长啸寻豪英。

耻学琅琊人，龙蟠事躬耕。

富贵吾自取，建功及春荣。

我愿执尔手，尔方达我情。

相知同一己，岂惟弟与兄。

抱子弄白云，琴歌发清声。

临别意难尽，各希存令名。

观　兵

［唐］杜　甫

北庭送壮士，貔虎数尤多。

精锐旧无敌，边隅今若何？

妖氛拥白马，元帅待雕戈。

莫守邺城下，斩鲸辽海波。

释义： 唐肃宗乾元元年（758 年）十月，郭子仪等九节度使讨伐叛军安庆绪于相州（今河南安阳）。次年三月，史思明来援，战于城下。诗谓不当久困守邺城，劳师乏馈，以致叛军援师之至也。

送熊九赴任安阳

［唐］王　维

魏国应刘后，寂寥文雅空。

漳河如旧日，之子继清风。

阡陌铜台下，间阎金虎中。

送车盈灞上，轻骑出关东。

相去千余里，西园明月同。

狎 鸥 亭

［宋］韩 琦

亭压东池复坏基，园林须喜主人归。

憩棠犹茂应存爱，植柳堪惊仅过围。

鱼泳藻间谙物性，月沉波底发禅机。

群鸥只在轻舟畔，知我无心自不飞。

望江南·安阳好

［宋］韩 琦

安阳好，形势魏西州。

曼衍山川环故国，升平歌吹沸南（一作"高"）楼，和气镇飞浮。

笼画陌，乔木几春秋。

花外轩牕排远岫，竹间门巷带长流，风物更清幽。

善 应 村

［金］元好问

平岗回合尽桑麻，百泌（一作"汉"）清泉两岸花。

更得青山作重复，武陵（一作"林"）何处觅仙家？

水冶道中

［元］许有壬

人烟仍古邑，村落带清泉。

修竹云千亩，垂杨翠半天。

涤场余滞穗（一作"卜居多胜地"），沽酒验丰年。

欲结鸡豚社，惭无二顷田。

安阳八景·漳河晓月

［明］赵康王朱厚煜

斗落参横夜向晨，钟声隐隐月西沦。

余光尚怯东升日，残魄犹辉北渡人。

影坠风头天寂寂，形沉波底水粼粼。

乘槎便欲登银汉，还待嫦娥一问津。

安阳道中览古

［清］乾隆皇帝

翠罕度安阳，秋暄晓露瀼。

韩陵一片石，昼锦数间堂。

建置相还邺，军期项与章。

考寻闲按辔，要务让农桑。

注：清乾隆十五年（1750年）九月，乾隆皇帝巡视河南，在安阳作了《过漳河》《丰乐镇》《安阳道中览古》《大生堂》《渡漳河》等诗。

邺　城

［清］郑板桥

划破寒云漳水流，残星画角动谯楼。

孤城旭日牛羊出，万里新霜草木秋。

铜雀荒凉遗瓦在，西陵风雨石人愁。

分香一夕雄心尽，碑牌仍题汉彻侯。

登鲁仙山

［清］张 龆

何事公输子，来留此地仙。

霞标石柱回，苔锁一钟眠。

磴转惊飞雉，峰回听细泉。

凭虚闲伫跳，花柳遍晴川。

早发安阳桥

［清］仝 轨

风吹残月远天西，细草平铺望欲迷。

万柳压城城不见，长烟漠漠乱鸟啼。

访安阳殷墟

郭沫若

偶来洹水忆殷辛，统一神州始此人。

百克东夷身致殒，千秋公案与谁论？

注：此诗作于 1959 年。

文 峰 塔

赵朴初

层伞高擎窣堵波，洹河塔影胜恒河。

更惊雕像多殊妙，不负平生一瞬过。

注：此诗作于 1977 年。

（二）府志旧序辑录

1. 河朔雄郡彰为最，魏博、相、澶，古云扼险。唇齿辅于冀都，车马通于南国。袤衍千里，枢要区夏，诚莫强之郡也。太行、洪河之间其气深厚，其材多磊砢而易直。（［清］汤传楷纂修：康熙三十五年（1696年）《彰德府志》，河南巡抚顾汧《序》（节选）。）

2. 彰郡界冀州之域，国于周，郡于秦、汉，都于魏，州与路于五代、唐、宋之间，为邺、为邺、为相，号以代易。而彰德之名定于金，属州一县六。左倚太行，右跨漳水，沃衍千里，壤厚而风雄。六峰、万金隐隆盘礴之气，蔚为人英，彪炳史册者指不胜数，奕奕乎大都之会也。特其地当河朔要冲，北则密迩畿辅，东西连天雄、上党诸郡，而南北走乎大江左右，荆、蜀、滇、黔、交、广之区。天朝之遣命，四国之宾贡，咸道于是。（［清］汤传楷纂修：康熙三十五年（1696年）《彰德府志》，彰德府知府汤传楷《序》（节选）。）

3. 画漳河、淇水以为郡，屏幛畿南，锁钥豫北，盖古冀州、晋、卫之遗壤也。（［清］刘谦重修：乾隆五年（1740年）《彰德府志》，河南巡抚雅尔图《序》（节选）。）

4. 彰郡为畿辅襟喉，十省孔道，在古曰邺、曰邺、曰相，号以代更。袁、曹虎争，六朝割据，迨唐、宋、金、元，虽沿革递迁，其为控扼雄瞻，依然一大都会也。左太行、右漳水，六峰、万金之灵淑，蔚为人英，其山川了如指掌乎。安、汤土沃而民坦，临漳、内黄土浮而民缓，林、涉、武安地险而民健武，其淳朴侠烈之风不俱得其概乎。（［清］刘谦重修：乾隆五年（1740年）《彰德府志》，彰德府知府刘谦《序》（节选）。）

5. 且彰在魏为邺都，四战之地，山川相缪，金戈铁马之所冲撞也。至石赵、高齐之割据，穷极土木，财殚力痡，银楹桂柱之所侈饰也。（〔清〕黄邦宁重修：乾隆三十五年（1770年）《彰德府志》，河南巡抚罗永德《序》（节选）。）

6. 彰德在三代时为冀州之域，嗣后而卫、而晋、而魏、而赵，为三川郡、为魏郡、为邺都、为相州、为彰德军、为路、为府。名虽屡易，而据河朔之要，当天下之冲则一也。（〔清〕黄邦宁重修：乾隆三十五年（1770年）《彰德府志》，彰德府知府黄邦宁《序》（节选）。）

7. 彰德，古《禹贡》冀州之域。亶甲所居，邶之所封，析于秦，置郡于汉，分列于石虎、冉闵之徒，元魏及唐改革非一，晋以梁昭德军为彰德军，明改元彰德路为彰德府，国朝因之。隶河南省，领县七：安阳、汤阴、临漳、林、武安、涉、内黄。其地襟带漳洹，阻宅山阜，辙迹所会，此为要冲。（〔清〕卢崧监修：乾隆五十二年（1787年）《彰德府志》，河南巡抚毕沅《序》（节选）。）

8. 彰德北控邢、赵，南临怀、卫，广袤数百里。汉唐以来代为重镇。而安阳、临漳之间则又曹魏、高齐所据以为都者也。其间地域之广输，山溪之扼塞，以及郡县分合省并，称谓之不同，悉著之于篇，俾莅是土者有所考焉。（〔清〕卢崧监修：乾隆五十二年（1787年）《彰德府志》卷一《地理志》（节选）。）

四、安阳的历史沿革

安阳的历史沿革具有典型的不间断性。在殷都区安丰乡的渔洋村，可找到6000年以来不同历史阶段的文化遗存，用一个村的文物就能写成一部中国通史。放眼安阳，从史前时期的小南海原始人遗址、后冈三叠层遗址、内黄二帝陵，到历史时期的殷墟、羑里城、西门豹祠、三杨庄汉代遗址、曹操高陵、灵泉寺石窟、固岸北齐大墓、后周文峰塔、北宋昼锦堂、明代岳飞庙、明清彰德府城，再到近现代的马氏庄园、袁世凯墓、红旗渠、中国文字博物馆，具有全国影响的标志性的历史文化古迹，在安阳从未间断，可谓是一部活的中国历史教科书。

（一）史前文化时期

1960 年 3 月，在安阳城西南 25 公里的善应镇修建小南海水库，开山取石时发现小南海原始人洞穴。小南海原始人生活于距今约 2.5 万—1.1 万年前，属旧石器时代晚期。该洞穴遗址是河南境内发现的第一处旧石器时代遗址，也是新中国成立后在华北地区首次发现的旧石器时代晚期的洞穴遗址，郭沫若将其定名为"小南海文化"。

进入新石器时代，人们从事原始农业、畜牧业，广泛使用经过磨制的石器和原始的陶器。在漳河、洹河、羑河流域，发现了磁山裴李岗文化、仰韶文化、龙山文化等新石器时代的数十处文化遗址。

传说中的"五帝"时期，颛顼、帝喾于 4400 年前在内黄县梁庄镇一带建都。颛顼、帝喾前承炎黄，后启尧舜，开创和发展了灿烂的华夏文明，改革和继承了传统祭祀文化，奠定和丰富了姓氏文化，被尊奉为华夏人文始祖。内黄县梁庄镇的三杨庄附近，今存颛顼、帝喾的陵墓，俗称"二帝陵"。"二帝陵"是颇具代表性的历史文化遗产，被誉为中华祭祀文化和姓氏文化的发源地，华夏寻根祭祖的圣地。

（二）夏商西周时期

约公元前 2070—公元前 1600 年，安阳属《尚书·禹贡》所载的冀州之地。夏代第十三位国王胤甲在今安阳市汤阴县东北的西河建都，在位 20 年。

商代是中国历史上的第二个朝代，也是中国第一个有文字记载的朝代。商朝先后经过多次迁都，晚商时期定都于洹水安阳。

商代中期第十三位国王河亶甲迁都于相（一说位于今安阳市区，一说位于今内黄县境内）。

公元前 1300 年，商代第二十位国王盘庚自奄（今山东曲阜一带）迁都于北蒙（今安阳市区小屯一带），称"殷"，安阳遂为商代晚期的国都。19 世纪末，"一片甲骨惊天下"，甲骨文、国之重器世界最大的青铜器后母戊大方鼎（以前称"司母戊大方鼎"）出土于此。从盘庚迁殷算起，至公元前 1046 年周灭商，商代在此传八代十二王，历时 254 年。殷商时期，安阳已发展成为全国的政治、经济、文化中心，成为有着广大疆域和长期定居的都城，也使安阳具有了 3300 多年的建城史。殷商时期甲骨文字、青铜文化、都城营建、周易文化享誉世界，将中国"信史"的年代上溯了近千年。

殷都依托洹河而建，形成了以宫殿宗庙区为中心的环形、分层、放射状分布的总体规划格局，规模宏大。濒河营建的殷都宫殿建筑以土木为主要建筑材料，开创了庭院式宫殿建筑的先河，对中国历代宫殿宗庙建筑产生了深远的影响。以宗族为单位的居民成片分布，并铺设了陶制排水管道，其聚族而居、聚族而葬的生活方式，一直延续至今。

殷墟王陵区是中国目前已知最早、最完整的王陵墓葬群，代表了中国古代早期王陵建筑的最高规格与形制。

殷墟考古发掘被视为中国近代田野考古学的发端，列入 20 世纪中国考古 100 项重大发现之首。2006 年 7 月 13 日，安阳殷墟入选世界文化遗产名录。

公元前 1046 年武王伐纣，商朝灭亡。殷商宗庙宫室渐废为墟，后世遂将这里称为"殷墟"。周灭商后，分殷商畿内地为邶、鄘、卫三国，封纣王子武庚监邶国。周公东征，平"三监之乱"后，封康叔于卫国，都朝歌。安阳一带为邶国、卫国之地，《诗经·国风》的《邶风》《卫风》描述了当时这一地区的民风故事。

（三）春秋战国时期

春秋时期，安阳先属卫国，后属晋国，为晋国的东阳之地。公元前 658 年，齐桓公始筑邺城。战国时期，安阳先属魏国，后属赵国。魏文侯时，任命西门豹为邺令治邺。"安阳"一名首现于战国时期的魏国。《史记·廉颇蔺相如列传》载，赵惠文王二十四年（前 275 年），"廉颇攻魏之防陵、安阳，拔之"。"安阳"之名始见于史册。

战国后期，苏秦合纵抗秦，会六国诸侯于洹上。《战国策·赵策》载，苏秦对赵肃侯说："令天下之将相，相与会于洹水之上。"今安阳市殷都区洹水南岸的柴库村西有挂印台遗址，相传为六国会盟处。秦王嬴政十一年（前 236 年），秦将王翦攻克安阳城。

（四）秦汉魏晋时期

秦朝是中国历史上第一个大一统的帝国。秦统一六国后，在全国推行郡县制，分天下为 36 郡。安阳城始置安阳县，先后属邯郸郡和河内郡。秦朝末年，秦将章邯与西楚霸王项羽结盟于"洹水南、殷虚上"[①]。秦汉安阳城位于今安阳老城处。

汉高祖二年（前 205 年），置隆虑县、荡阴县，废安阳县入荡阴，属河内郡。两汉之际，河决内黄，掩埋村庄，为今人留下了有"东方庞贝古城"之称的汉代三杨庄遗址。

---

① ［汉］司马迁：《史记》，卷七，《项羽本纪》。"殷虚"即殷墟。

至东汉末年，邺城是北方的统治中心，成为中国历史上著名的都城。都城营造、建安文学、民族融合、佛教传播对后世产生了深远的影响，在中国政治史、军事史、文化史及城建史上占有重要的地位。

汉献帝建安九年（204年），曹操攻克邺城。建安十七年（212年），魏郡共辖 29 县，安阳属魏郡，治所在邺。第二年（213年），曹操封魏公。建安二十一年（216年），曹操晋封魏王，邺城成为曹魏王都。曹操营建邺北城，构筑铜雀三台，开凿洹水新河，引洹水入邺。黄初元年（220年），曹丕废汉称帝，迁都洛阳，邺城成为陪都。

曹操营建的邺北城，在中国建筑史上占有划时代的重要地位，它延续了战国时期以宫城为中心的规划思想。邺北城布局严整，功能分区明确，主要道路正对城门，干道丁字形相交于宫门前，把中国古代一般建筑群的中轴线对称的布局扩大应用于整个城市。邺城三台——铜雀台、金虎台（后赵时改为"金凤台"）、冰井台巍峨壮观，建筑风格独特。曹操薨后，根据其遗令，葬于邺西洹上，是为曹操高陵。

西晋初年，复置安阳县，属冀州魏都。

（五）十六国与北朝时期

十六国时期，安阳仍属魏郡管辖。这一时期，漳河之滨的邺城先后成为后赵、冉魏、前燕三个割据政权的都城。后赵石虎曾经洗马于洹水，筑"凉马台"，位于今安阳城北洪河屯乡。

北魏道武帝天兴元年（398年），拓跋珪迁都平城（今山西大同），同年攻占邺城，于邺设行台，辖魏郡、阳平、广平、汲郡、顿丘、清河六郡，安阳属魏郡。天兴四年（401年），罢邺行台，以邺所辖六郡之地置相州，以"河亶甲居相"为名，治邺城，这是相州之名的起始。此时邺成为魏郡、相州、邺县三级行政机构的治所。

北魏孝文帝太和年间（477—499年），在相州西清凉山南麓修天城寺（今修定寺）。北魏末年，高欢与尔朱兆大战于韩陵山，高欢大胜，遂定高氏霸业。北魏分裂后，高欢、高澄实际控制了东魏政权。

东魏、北齐定都邺南城，废安阳县并入邺，于是殷邺合一。东魏孝静帝武定四年（546年），道凭法师在邺城西南善应南平村修宝山寺（后改为"灵山寺"，今灵泉寺）。东魏仆射高隆之，利用邺西牵口冶之珍珠泉水制作"水排"，鼓风冶铁，提高冶铁效率。由于利用水力鼓风冶铁，遂改牵口冶为"水冶"。北齐文宣帝天保年间（550—559年），灵山寺住持方法师组织开凿石窟，即现在的小南海石窟。

北周静帝大象二年（580年），相州总管尉迟迥举兵讨伐杨坚，兵败自杀。邺城遭焚毁，魏郡、相州、邺县三级政权和民众一并南迁40里于安阳城。从此，安阳城代替邺城成为这一区域的政治、经济和文化中心，安阳遂称"相州"，亦称"邺"郡。此后，隋、唐、宋均沿用"相州"一名。

（六）隋唐北宋时期

隋文帝开皇三年（583年），废天下诸郡，实行州县二级制，安阳城为相州、邺县治所。开皇十年（590年），邺县治所迁回原邺地，恢复安阳县建制，两地各复旧名。隋炀帝大业三年（607年），改相州为魏郡，治安阳。

唐高祖武德元年（618年），改魏郡为相州，领8县。唐高宗咸亨三年（672年），相州刺史李景于城西40里引洹水筑高平渠，后称"万金渠"。又于邺西引高平渠水为"金凤渠"。唐玄宗天宝元年（742年），改相州为邺郡。唐肃宗乾元元年（758年），复为相州。唐肃宗乾元二年（759年）三月，郭子仪等九节度使与安史叛军大战于相州，因风暴骤起，双方军溃。

五代时，后晋高祖天福三年（938年）在相州设置彰德军，"彰德"之名始见于史册。后周太祖广顺二年（952年），筑文峰塔。

北宋相州仍置彰德军，隶属河北西路，辖安阳、汤阴、临漳、林虑四县。北宋真宗景德三年（1006年），增筑相州城，周长19里。韩琦在州署后园内，建昼锦堂、醉白堂等建筑。

（七）金元明清时期

金太宗天会七年（1129年），金在相州仍置彰德军。金章宗明昌三年（1192年），升相州为彰德府，隶属河北西路，辖安阳、林虑、汤阴、临漳、辅岩五县。

元世祖至元二年（1265年），升彰德府为彰德路，属中书省，设彰德路总管府于安阳城，隶属中书省，辖安阳、临漳、汤阴、辅岩、林虑五县。

明代安阳复为彰德府，辖磁州、安阳、汤阴、林县、临漳、武安、涉县一州六县，改属河南布政使司。从此，彰德府及其属县改属河南省，至清沿袭不变。明太祖洪武八年（1375年），将相州城改筑为彰德府城，明宪宗成化十三年（1477年）重修。府城内的明代重要建筑有始建于明太祖洪武二年（1369年）的城隍庙（又名"威灵公庙"）、明宪宗成化六年（1470年）重建的大士阁（今"高阁寺"）等。明代宗景泰元年（1450年），始建岳飞庙于汤阴县城。

清代彰德府隶属河南省。康熙十六年（1677年）、五十二年（1713年），两次重修彰德府城。康熙年间，在万金渠高平村以下兴办漕运。雍正三年（1725年），划直隶大名府的内黄县入彰德府。次年，析出磁州，改属直隶广平府。时彰德府辖安阳、汤阴、林县、临漳、武安、涉县、内黄七县。雍正七年（1729年），再次重修彰德府城。乾隆年间，知府李渭将昼锦堂改设为昼锦书院。

清道光十年（1830年）后，洹河下游航运发达。航船经卫河，可直达天津。安阳桥、郭家湾成为洹河上最大的码头和商品的重要集散地，河道里商船如梭，河岸边货栈如云。

清光绪三十二年（1906年）京汉铁路建成通车，设彰德车站。是年秋，南北新军在彰德举行"会操"，史称"彰德秋操"。彰德秋操是晚清新式陆军的最后一次大规模军事演习。光绪三十四年（1908年）十一月，光绪帝驾崩。年仅三岁的溥仪继位，是为宣统皇帝。当年十二月，清廷罢免袁世凯，让其回老家河南养病。下野后的袁世凯并未回老家河南项城，而是归隐于彰德府洹上村，实际上仍能操控北洋六镇新军，伺机东山再起。

（八）中华民国时期

民国初废府制，设安阳县，直属河南省，先后隶属豫北道、河北道。袁世凯死后，根据其"扶柩回籍，葬我洹上"遗令，北洋政府拨款75万银元，费时两年在安阳为其修建了中西合璧式的陵墓——袁林。

民国21年（1932年），设河南省第三行政督察区专员公署于安阳城。日军侵占安阳时期，曾改为彰德县，后复名安阳县。

（九）新中国成立后

1949年5月6日，安阳城解放，设立安阳市。同年8月20日，成立平原省，安阳专区和安阳市同属平原省，安阳市为省辖市。安阳专区辖安阳县、邺县、林县、汤阴县、浚县、淇县六县。1952年11月30日撤销平原省，安阳市划归河南省至今。

1954 年 6 月 21 日，濮阳专区并入安阳专区，撤销邺县建制。安阳专区辖安阳市、安阳县、林县、汤阴县、浚县、滑县、濮阳县、清丰县、南乐县、内黄县。20 世纪 60 年代，英雄的林县人民自力更生，艰苦创业，在极其困难的情况下修建了举世闻名的人工天河"红旗渠"。

1983 年 9 月，实行市管县体制，撤销安阳地区，原安阳地区所辖安阳县、林县、汤阴县、淇县、浚县五具划归安阳市。1986年 1 月，析出浚县、淇县，划归鹤壁市，同时将濮阳市的内黄县、滑县划归安阳市。安阳市辖安阳县、林县（1994 年 1 月更名为林州市）、汤阴县、内黄县、滑县五县和文峰区、北关区、铁西区、郊区四区，总面积 7413 平方公里。2003 年，安阳市调整城区区划，四个区调整为文峰区、北关区、殷都区、龙安区。市区面积由原来的 247 平方公里增加到 543.6 平方公里。

五、活力古都绽风采 ①

殷都废而邺城兴，邺城毁而安阳继。自"盘庚迁殷"至"武王伐纣"，安阳作为商代晚期的都城长达 254 年。从战国魏"安阳邑"、秦晋安阳城、汉魏六朝时期的邺城、唐宋相州城、明清彰德府城，到新中国成立后豫北冀南区域性中心城市，文明薪火相传，生生不息。安阳是第二批国家历史文化名城、中国八大古都之一。

---

① 本部分作者安民，略作改动。文章原名"安阳古都文化创新发展的理性思考和对策建议"，载《安阳社会科学》2020 年第 5 期。

（一）古都文化内涵

创新发展安阳古都文化，要对古都文化的内涵进行再审视、再认识。以殷墟甲骨文、羑里城为代表的殷都文化，以曹魏文化、建安文学为代表的邺都文化，以明清彰德府城为代表的古城文化，构成安阳古都文化的核心内涵，概括为"二都一城"。通过古都文化元素的归纳提炼，根据古都文化基因塑造城市人文品质，以特定的表现形式发掘展示，弘扬光大安阳古都文化品牌，使之转型为文旅产业优势和经济发展优势。

1. 殷墟甲骨文是中国乃至世界文化长廊中的皇冠级瑰宝

文字对一个国家、民族的延续和发展，对世界文化的传播、交流具有极其重要的意义。世界公认的三大古老文字体系中，只有甲骨文在数千年的沉淀和发展中得以传承延续。世界最古老的四大文明中，也只有中华文明顽强地生存发展到今天，起源于殷墟的中国文字起到了极为重要的作用。以后母戊鼎为代表的青铜文化、商代都城营建、农耕文明、周易文化均为殷商文明的重要标志。

2. 恢弘的邺都文化铸就安阳大古都

东汉末年，曹操营造的邺北城，前承秦汉，后启隋唐，其严整的筑城形制沿袭千载。铜雀三台演绎了文姬归汉胡笳十八拍的千古绝响，西园之会、三曹七子、建安风骨载入中国文学的辉煌史册。"三国热"不仅是国人妇孺皆晓的文化情结，也深远影响了日本、东南亚各国的民间文化。从战国西门豹漳河投巫，曹操和后赵、冉魏、前燕、东魏、北齐等政权都邺，北周杨坚焚毁邺城南迁相州安阳城，到明清、民国彰德府的行政区划，印证了殷、邺密不可分的承继关系。

3. 安阳老城是没有围墙的建筑人文博物馆

明清彰德府古城即今天的安阳老城，它秉承了千年古都的文化

安阳殷墟博物苑

基因。彰显礼制的方正城池，城渠相依的智慧水系，文峰高阁的秀美风姿，蜿蜒曲折的九府巷陌，街衢繁华的市井文化，活色生香的民俗风情，兼具中国北方古城典型风貌特征。城池格局素有"五门四关九府十八巷七十二胡同十八罗汉街"之美誉，民居建筑以北方传统四合院为主。今护城河与两处城墙角尚存，城内坑塘水系、街巷肌理延续古制。老城内文物古迹众多，蕴蓄了三朝贤相韩琦，明代儒者崔铣，郭朴与"仁义巷"，清代循吏许三礼，文史大家谢国桢，考古学家董作宾、李济等厚重人文故事。

（二）挑战机遇共存

"中国八大古都"是中华五千年文明乐章谱就的凝固音符，是闪耀在中华大地上的璀璨明珠。北京作为首都，西安、南京、杭州、郑州为省会，就城市综合实力、文旅产业发展而言，安阳与前五大古都不在同一起跑线上。与同为河南省辖市的洛阳、开封相比较，文旅产业的发展也存在一定的差距。安阳尝以"洹水安阳名不虚，三千年前是帝都"[①]引以为傲。如今，需要直面现实，昭示出挑战和机遇。

1. 安阳古都文化发展面临的挑战

第一，久远的古都遗址缺乏可观瞻性。殷都、邺都堪称中国历史发展进程中的双子星座。晚商都城于公元前 11 世纪废为殷墟，恢宏邺城消失于公元 6 世纪，双双湮灭于地下。地面文物遗存少，直观可视性较差。作为世界文化遗产、5A 级旅游景区的殷墟遗址，以出土了 15 万件刻辞甲骨而闻名世界，目前常规而静态的博物馆、妇好墓、车马坑、甲骨碑林，与之无与伦比的历史文化价值不相协调。邺都文化以都城营造、铜雀三台、建安风骨、佛教传播繁荣数百年，与隔漳河相望的殷都文化遗址缺少联手组合，共谋发展。

第二，划省而治为殷邺文化带来裂痕。新中国成立之初，河南、河北以漳河为界划省而治。明清至近代彰德府所辖临漳、武安、涉县、磁县等地划归河北省，安阳市改属河南省。行政区划割裂了殷邺大文化圈的历史渊源和承续关联，两地联手研究，共同开发殷邺文旅越发变得遥不可及，双双失去了殷邺、曹魏文化联手发展的历史机遇。时至今日，"殷邺一体，殷都、邺都合为安阳大古都"（谭其骧、史念海：安阳古都文化研讨会，1987 年 4 月 18 日）的定论和共识屡遭淡化。以当今行政区划，否认殷邺古都的承续关系，谈不上科学严谨的治学态度。

第三，古都文化创新发展应有明晰的主题定位。灿烂的殷邺文明、明清彰德府古城是安阳跻身国家历史文化名城、中国七大古都的重要支撑和载体。跻身"中国大古都"奠定了安阳在国际国内的

---

① 郭沫若：《观圆形殉葬坑》，《光明日报》1959 年 7 月 18 日。

文化地位，古都文化比肩发展的历史机遇千载一逢，来之不易，当倍加珍惜。然而，"国家历史文化名城，中国八大古都之一"仅被当作城市诸多名片之一，其博大的文化内涵，缺位于城市文化传承创新的内在驱动和核心引领。安阳自然山水与历史人文景观齐聚，荣膺诸多头衔。拥有殷墟、大运河两处世界文化遗产，是中国优秀旅游城市，中国书法名城，甲骨文的故乡，周易的发源地，红旗渠精神的发祥地，曾举办多届殷商文化旅游节。还有羑里城、岳飞庙、马氏庄园、洹水湾、太行大峡谷等众多4A、5A级景区，然而资源优势并未带来丰厚的财富。安阳四省通衢，景观遍地，夜间经济乏力，很难留住游客。文化资源向文旅产业的转型，需要以古都文化作为创新发展的引擎和统领。

2. 古都文化创新发展面临重大历史机遇

2019年11月1日，习近平总书记《致甲骨文发现和研究120周年的贺信》强调："殷墟甲骨文的重大发现在中华文明乃至人类文明发展史上具有划时代的意义。甲骨文是迄今为止中国发现的年代最早的成熟文字系统，是汉字的源头和中华优秀传统文化的根脉，值得倍加珍视、更好传承发展。"

殷墟是一座具有划时代意义的世界级历史文化宝库。殷墟甲骨文对黄河文化的传承发展起到举足轻重的作用。随着殷墟国家考古遗址公园、殷墟遗址博物馆、中国文字博物馆续建工程、汉字公园的兴建，殷墟将成为国际先进的文物考古研究中心、汉字传承展示基地和中华文化国际交流传播的重要平台。

黄河流域生态保护和高质量发展上升为国家战略，为安阳古都文化创新发展提供了重要的历史机遇。安阳黄河流域面积占市域总面积的近四分之一。滑县、内黄县均为黄河冲积平原，黄河主要支流金堤河从安阳境内蜿蜒流过。作为河南省黄河流域生态保护和高质量发展规划确定的核心区域城市之一，安阳拥有一大批独一无二的文化品牌，甲骨文是文字之根，周易是智慧之源；还有滑县古道口镇、内黄颛顼帝喾陵、汉代三杨庄遗址、明清彰德府古城等，这些都是黄河文化的重要内核，安阳在传承发展黄河文化中承载着无可替代的重要使命。

殷商古都汉字文化成为河南文旅强省的重要支撑。2020 年 5 月召开的河南省文化旅游大会，明确了找准河南核心优势，以黄河、古都、大遗址、大运河、功夫等为代表，建设黄河国家文化公园、建设沿黄生态廊道、实施古都古城风貌再现工程、打造大遗址文化旅游圈、建设大运河文化公园、建设中国功夫体验基地等重点项目，塑造一批享誉世界的标志性文旅品牌。建设以中原传统文化为纽带，地理空间相互衔接，资源优势融合互补的五大特色文化旅游区，其中以殷墟、中国文字博物馆、仓颉陵遗址等为依托，建设以甲骨文为主要内容的展示中华民族精神图腾的上古殷商文化旅游区。

（三）创新发展对策

"名城、古都"是安阳最值得珍视的文化资源和城市名片。"老家河南"五项核心文化优势，古都安阳同样兼具。以古都文化定位城市主题文化，持之以恒保护传承、弘扬创新，安阳古都的美誉度、影响力将得以发扬光大。在安阳古都文化内涵中，汉字文化、周易文化、曹魏文化、明清彰德府古城文化是具有唯一性、垄断性的文化资源优势，也是毋庸置疑的文化自信。它们不仅是中华文明发展进程的熠熠闪光点，也是古都安阳运用好新一轮历史机遇，高质量发展建设文旅强市的重要依托。

1. 以"汉字之源，文字之都"唱响古都文化强音

殷墟的核心资源无疑是甲骨文，它的核心价值是文字，是对人

类文明做出超级贡献的中国文字。甲骨文是文明与蒙昧的分野，使中国"信史"年代上溯近千年。殷墟所有的文化旅游拓展，不能停留在对甲骨文本身的考古释读层面，而要沿着文字主题实施多元延伸，从古向今延伸，从中国向世界延伸，从单一资源向多元产品延伸，从静态参观向深度体验延伸。弘扬汉字的无限魅力，彰显安阳古都的重要文化觇标地位。

2. 建设全球华人周易文化博览交流研究中心

《周易》被誉为群经之首、大道之源，是中华文化的哲学元典和中华文明的源头活水，安阳羑里城以其独一无二的地理属性成为东方哲学、中华文化的寻根溯源之地。至 2021 年底，安阳已连续举办了 7 届海峡两岸周易文化论坛、29 届周易与现代化国际研讨会。羑里城 2018 年被中台办、国台办命名为海峡两岸交流基地。加快周易文化产业园建设，一展"文王拘而演《周易》"①的惊天伟业，让人们体验易经文化的博大魅力。推动周易文化研究、交流和推广，增强安阳古都的文化辐射力、凝聚力和软实力。

3. 责无旁贷宣传弘扬曹魏邺都文化

漳洹流域的殷邺文明共同铸就了安阳大古都。既然身负"七朝古都"之名，就应当义不容辞扛起宣扬邺文化的旗帜。佛教自东汉传入中国，东魏北齐时期邺下佛教进入鼎盛时期。开凿于北齐天保年间（550—559 年）的小南海石窟，刻有禅武双修的邺下高僧稠禅师的线雕像，作为少林寺第二代掌门人，他首开少林习武之先河，少林武术源于古都安阳。

安阳曹操高陵本体保护与文物展示工程即将揭开神秘面纱，无疑将成为安阳古都文化的新地标。借此契机，安阳宣扬邺都文化

---

① 司马迁：《报任安书》，载［汉］班固《汉书》，卷六十二，《司马迁传》。

正当其时。整合邺都、曹魏文化资源，引领古都文化创新发展。策划精品文旅线路，串联起殷墟国家考古遗址公园、中国文字博物馆、袁林、渔洋古村、曹操高陵、西门豹祠、铜雀三台、邺城博物馆、固岸墓地、响堂山石窟、甄妃墓、磁州窑、唐塔、灵泉寺等满盘珍珠；并与汉都许昌、安徽亳州联手研讨宣扬曹魏三国文化。让博物馆里的文物活起来，让"千年帝都，殷邺竞辉"成为新文化品牌。做好跨省文物旅游融合发展、文化资源变身文化产品这篇大文章。

安阳老城内的钟楼、郭朴祠

4. 以古城保护整治复兴推动古都文化繁荣兴盛

2018年，河南省人民政府公布15个省级历史文化街区名单，安阳老城区仓巷街、城隍庙—高阁寺、西大街三个历史文化街区名列其中。在三个历史文化街区的保护和整治中，应注重彰显安阳老城文化的内涵、品质、特色，使安阳老城重现生机和活力。目前仓巷街、后仓坑、吕祖庙、魁星楼区域已初显古城文旅新高地，助推安阳古都文化创新发展。

5. 发挥古都学会优势，助力古都文化创新发展

中国八大古都，河南占其四。开封古都以丰富的地上文物、清明上河园、菊花节、小宋城、传统夜市、景观水系为依托，文旅产业发展势头强劲。洛阳古都以"千年帝都，牡丹花城"为城市宣传语，以世界文化遗产龙门石窟为引领，全方位呈现九朝古都的超凡魅力。2018年，洛阳市人民政府与中国古都学会签订战略合作协议，将古都文化作为文旅产业发展的战略引擎。

安阳应当进一步发展壮大安阳古都学会，整合汇聚院校人才优势，加强安阳古都文化研究，创办专门刊物作为殷邺文化开放式平台，让研究成果融入文旅产业发展战略。争取中国古都学会在安阳举办年会，引入国际高端节会，汲取国内顶尖专家学者的建议，与中国古都学会建立长期稳固的战略合作机制。

古都安阳积淀文旅产业创新发展的巨大潜能，以大古都定位城市文化主题，以其博大内涵培育多元开放的文旅业态，将殷墟甲骨文发现地定位为世界文字文化的宝库性城市，进一步丰富拓展以文字为主题的文化传承类项目，让来自全世界、全中国的游客都能在安阳多视角感受和体验文字的超凡魅力，呈现出安阳大古都不同于其他文旅目的地的独特价值。以包容开放的胸襟，跨越行政区划藩篱，责无旁贷研究、宣传邺文化。持之以恒实施古城

中国文字博物馆

保护、整治、复兴，重现古韵生香、文商兴旺的明清彰德府城。实现从文化资源向旅游产品的转型，实现文旅供给与文旅需求的无缝对接。"中原文化殷始创""观此胜于读古书"①。安阳，让世界阅读了 3000 多年的文化古都，将肩负大古都的殊荣和时代使命，持续迈向繁荣复兴。

---

① 郭沫若：《观圆形殉葬坑》，《光明日报》1959 年 7 月 18 日。

摄　影

胡建国　许子长　李自省　麻江盟　郭　平

张洪斌　杨润智　彭存希　尚红军　尚保国

吴强军　鲍　伟　刘　红　柏春梅　张喜兰

古城甲　臣本布衣　安　平　安　民

历史图片、地图提供

尉江华　乔利军　刘志伟　刘彦军　吴强军

杨　奇　韩宝丰　朱小序

参考文献

一、地方志

1.［明］崔铣:《(嘉靖)彰德府志》,《天一阁藏明代方志选刊》(64),1964年上海古籍书店据宁波天一阁藏明嘉靖刻本影印。

2.［明］郭朴:《彰德府续志》,明万历九年刻本。

3.［清］黄邦宁修,乔利军点校:《(乾隆)彰德府志》,清乾隆三十五年刻本。

4.［清］杨世达修:《汤阴县志》,乾隆三年刻本。

5.［清］卢崧修,［清］江大键纂,乔利军点校:《(乾隆)彰德府志》,九州出版社2021年版。

6.［清］贵泰、［清］武穆淳等纂:《(嘉庆)安阳县志》,中国地方志丛书·华北地方·第一〇八号,(台湾)成文出版社1968年根据嘉庆二十四年刊本影印。

7. 方策、王幼侨修,裴希度等纂:《(民国)续安阳县志》,中国地方志丛书·华北地方·第一〇八号,(台湾)成文出版社1968年根据民国二十二年铅字重印本影印。

8. 安阳市城乡建设环境保护局:《安阳市城市建设志》,中国建筑工业出版社1997年版。

9. 安阳市地方史志编纂委员会:《安阳市志》,中州古籍出版社1998年版。

10. 安阳市地方史志编纂委员会:《安阳市志》(1988—2000),中州古籍出版社 2008 年版。

11. 安阳市文峰区地方史志编委会:《安阳市文峰区志》,中州古籍出版社 2008 年版。

二、古籍

1. [先秦]管仲原著,黎翔凤撰,梁运华整理:《管子校注》,《新编诸子集成》,中华书局 2004 年版。

2. [先秦]无名氏著,缪文远等译注:《战国策》,中华书局 2012 年版。

3. [先秦]吕不韦等著,许维遹撰,梁运华整理:《吕氏春秋集释》,《新编诸子集成》,中华书局 2004 年版。

4. [西汉]司马迁:《史记》,中华书局 1959 年版。

5. [东汉]班固:《汉书》,中华书局 1962 年版。

6. [东汉]曹操:《曹操集》,中华书局 2018 年版。

7. [东汉]许慎:《说文解字》,中华书局 1963 年版。

8. [晋]陈寿撰,[南朝宋]裴松之注:《三国志》,中华书局 1959 年版。

9. [北魏]郦道元原注,陈桥驿校正:《水经注校正》,中华书局 2007 年版。

10. [南朝宋]范晔:《后汉书》,中华书局 1965 年版。

11. [南朝梁]刘勰著,王志彬译注:《文心雕龙》,中华书局 2012 年版。

12. [南朝梁]萧统编,[唐]李善注:《文选》,中华书局 2008 年版。

13. [南朝梁]钟嵘著,周振甫译注:《诗品译注》,中华书局

1998年版。

14.［唐］白居易撰，顾学颉点校:《白居易集》，中华书局1979年版。

15.［唐］封演撰，赵贞信校注:《封氏闻见记校注》，中华书局2005年版。

16.［唐］李白:《李太白文集》，中华书局1977年版。

17.［唐］李吉甫:《元和郡县图志》，中华书局1983年版。

18.［唐］释道世撰，周叔迦、苏晋仁校注:《法苑珠林校注》，中华书局2003年版。

19.［唐］魏徵等:《隋书》，中华书局1973年版。

20.［宋］韩琦:《安阳集》，《丛书集成初编》本。

21.［宋］李昉等编:《文苑英华》，中华书局1966年版。

22.［宋］欧阳修:《欧阳文忠集》，《四部备要》本。

23.［宋］司马光:《资治通鉴》，中华书局1956年版。

24.［宋］辛弃疾撰，邓广铭笺注:《稼轩词编年笺注》，上海古籍出版社1978年版。

25.［宋］王安石:《临川先生文集》，中华书局1959年版。

26.［元］富大用:《古今事文类聚》，文渊阁《四库全书》本。

27.［元］郝经:《续后汉书》，文渊阁《四库全书》本。

28.［元］纳新:《河朔访古记》，文渊阁《四库全书》本。

29.［元］史伯璿:《管窥外篇》，文渊阁《四库全书》本。

30.［元］陶宗仪编:《说郛》，文渊阁《四库全书》本。

31.［元］脱脱等:《宋史》，中华书局1977年版。

32.［元］许有壬:《至正集》，文渊阁《四库全书》本。

33.［元］左克明:《古乐府》，文渊阁《四库全书》本。

34.［明］罗贯中:《三国演义》，人民文学出版社1974年版。

35. ［清］厉鹗：《宋诗纪事》，上海古籍出版社 1981 年版。

36. ［清］彭定求等编，中华书局编辑部点校：《全唐诗》，中华书局 1999 年版。

37. ［清］阮元校刻：《十三经注疏》，中华书局 1980 年版。

三、著作

1. 安民：《城脉安阳》，线装书局 2016 年版。

2. 安民：《城现安阳》，北京工艺美术出版社 2021 年版。

3. 安阳日报报业集团、安阳市地方史志办公室：《邺文化探踪》，中州古籍出版社 2015 年版。

4. 陈桥驿主编：《中国七大古都》，中国青年出版社 1991 年版。

5. 陈文道主编，焦从贤编著：《安阳·从古都走向世界》，中国文艺出版社 2010 年版。

6. 范文澜、蔡美彪：《中国通史》，人民出版社 2008 年版。

7. 郭沫若：《甲骨文合集》，中华书局 1978 年版。

8. 郭胜强、陈文道：《古都安阳》，杭州出版社 2013 年版。

9. 韩宝丰：《邺下文人》，中国文史出版社 2007 年版。

10. 金静：《安阳古艺文选辑》，中国文联出版社 2013 年版。

11. 孔德铭：《考古安阳》，科学出版社 2019 年版。

12. 刘志伟：《古都遗韵　百年安阳》，中州古籍出版社 2006 年版。

13. 鲁迅：《鲁迅杂文全集》，河南人民出版社 1994 年版。

14. 吕何生：《安阳名人传》，中州古籍出版社 1993 年版。

15. 吕何生：《洹北集》，安阳古都学会 2021 年编印本。

16. 马爱民：《传统武术文化新探》，人民体育出版社 2003 年版。

17. 谭其骧：《中国历史地图集》，中国地图出版社 1987 年版。

18. 唐际根：《曹操墓真相》，科学出版社 2010 年版。

19. 王世恩等主编:《中外学者论安阳》,新华出版社 1997 年版。

20. 夏鼐:《中国文明的起源》,文物出版社 1985 年版。

21. 许作民:《爱我古都安阳》,中州古籍出版社 1999 年版。

22. 许作民:《安阳古代纪事》,中州古籍出版社 2007 年版。

23. 许作民:《安阳古今地名考》(增补本),中州古籍出版社 2016 年版。

24. 杨善清、杜久明:《灿烂的殷商文明》,中国大百科全书出版社 1998 年版。

25. 张之:《安阳考释——殷、邺、安阳考证集》,新华出版社 1997 年版。

26. 张子欣:《邺城考古札记》,中国文史出版社 2013 年版。

27. 朱士光:《中国八大古都》,人民出版社 2007 年版。

28.《中国美术全集》编委会:《中国美术全集》,人民美术出版社 2006 年版。

后 记

太行以东的漳河、洹河平原，哺育了千年古都安阳。

安阳古称"殷""邺"，又称"相州""彰德"，这里是甲骨文和《周易》的发源地，红旗渠精神的诞生地，是世界文化遗产殷墟的所在地和隋唐大运河（永济渠）的流经地。安阳是河南省文物大市、中原黄河文明发祥的中心之一，目前拥有全国重点文物保护单位24处，河南省文物保护单位73处，市、县级文物保护单位410处。20世纪80年代，安阳跻身国家历史文化名城、中国七大古都之列。

当前，黄河流域生态保护和高质量发展已经上升为国家战略，为安阳古都文化的创新发展注入了新的生机和活力。安阳黄河流域面积占市域总面积的四分之一，作为河南省黄河流域生态保护和高质量发展规划确定的核心城市之一，安阳市将"活力古都，出彩安阳"作为城市发展的新定位，擦亮"汉字之源、文字之都"城市名片，积极融入国家大遗址公园走廊建设。殷墟国家考古遗址公园、殷墟遗址博物馆、曹操高陵博物馆、中国文字博物馆二期、汉字公园、广益佰年考古文旅小镇、安阳文化体育中心等一批文化工程正在兴建，将成为古都安阳的城市新名片。安阳在传承弘扬黄河文化中承载着不可替代的重要使命。

中国文史出版社"中国八大古都系列文化丛书·安阳卷"由《安阳古都风采》《安阳名城韵味》《安阳影像图志》共三册组成。

本册《安阳古都风采》由安阳古都学会刘朴兵、安民执笔编著。本书以翔实的历史文献、珍贵的考古文物、丰富的图片资料，融汇安阳古都研究的新成果，系统而真实地再现了安阳大古都的肇端与波澜壮阔的演进历程，是一部弘扬传承安阳古都文化的新作，助力构建"活力古都，出彩安阳"，为人们了解认知安阳古都文化提供有益的借鉴和帮助。

安阳古都学会、安阳市城建档案馆、中国文史出版社对本书编著给予大力支持和帮助。书中收录了安阳古都学会学术顾问、古都研究专家吕何生先生的部分文稿，摄影艺术家吴强军先生为本书提供了部分历史图片，中国文史出版社相关责任编辑对本书进行了悉心校阅，精心编排版式，在此一并表示衷心的感谢！

由于编写时间较为短促，本书所呈现的资料和素材不免挂一漏万。书中的不确和舛误之处，期待读者朋友不吝批评赐教。

编　者

2022 年 5 月 20 日